Dr.ペンギン 祈りの診療所

友永轟
Go Tomonaga

道友社

はじめに

ある冬の午後、往診の途中で本部神殿に立ち寄りました。

少し前から雪がちらついて寒い日でした。東礼拝場《らいはいじょう》でかんろだいの正面近くに座り、おつとめを始めると、白い小さな雪の粒が真座に舞い降りてきました。かんろだいの真上は開いていて、降り込む雪と一緒に光が差し込んでいます。まるでスポットライトを浴びて、雪たちがきらきらと輝きながら舞い踊っているような美しさです。おつとめをしながら、目前の光景の虜《とりこ》になってしまいました。

天理に住むようになって半世紀、ほぼ毎日参拝していると、珍しい事や人に行き当たります。そのようなとき、何か良い気分になり、神様が私に声をかけてくださったように思えるのです。「不思議が神」という言葉があります。神様を求めても、目の前には現れてくださいません。しかし、たまには、こんなことがようこそ起こったなあと感心する不思議を見せてもらうことがあります。雪が舞っている。それが、かんろだいの上に、という偶然に、私は神の姿を感じて、うれしくなりました。

長らく医療に携わっていると、「医療は科学だ」と断言する自信がなくなってきます。「人が助かるならやってみよう。理屈は後からいくらでもつく」といった曖《あい》昧《まい》さが、医療にはたくさんあります。しっかり準備して、科学的根拠をもって治療に当たるときにも、「医療に一〇〇パーセント安全ということはありませんよ」と医者は言うでしょう。この曖昧さに立ち向かう心の底に、神の不思議をいっぱい詰めて、さらに日常の診療に取り組んでいきたいと思います。

難しい数字ばかりの科学の世界も、融通無碍《ゆうずうむげ》な親心に包まれているのです。

著　者

目次

I

診療の風景

病だけでなく人を診る

奈良県内の内科の先生方が、夜遅くにもかかわらず大勢集まってきました。糖尿病の治療について、天理よろづ相談所病院「憩《いこい》の家」の専門家と一緒に勉強しようという会です。そこで、九十歳近いお年寄りのことが話題になりました。

昼は一人で留守番をし、夜は勤めから帰ってきた家族と過ごす。そんななかで療養を続けておられました。

往診している主治医は、なかなか良くならないので、とうとうインスリン注射を始めることにしました。

しかし、誰が注射を打つか、家族が留守のときに低血糖になったらどうするのか、高齢の患者がインスリンについて理解できるのか……いろいろ悩まれたそうです。

それでも必要なら打たねば、と決心して、実行されました。

この事例について、参加した医師たちは真剣に議論しましたが、結論は出ませんでした。一人でいるときにインスリンを打つことの危険性。打たないでおくことで悪くなる心配――。どちらを採《と》るのか。

医者が病人を診《み》て病名を診断すると、コンピューターのように治療の〝答え〟が出ると思うのは間違いです。病名を診断することは医者の大切な仕事の一つですが、病気になっている患者さんの事情は千差万別ですから。

薬をもらっても素直に飲めない人。入院しなければならなくてもできない人。安静にしなければいけなくても時間がない人。看病を必要としていても家族のいない人……。治療の〝答え〟は出ても、理屈通りに実行できないことはよくあります。

医者には、医学の理屈と実際の事情との間をうまく取り持つ人間くさい仕事があるのです。なんとか理屈通りの治療を受けてもらい、治っていただきたいと願うとき、〝おたすけの志《こころざし》〟が心の支えとなるのです。

なさけないとのよにしやんしたとても
人をたすける心ないので
（おふでさき　十二　90）

先輩医師がよく「患者さんのニーズに寄り添う医療」と言っていました。患者さんが療養するうえで望んでおられる思いに、できるだけ寄り添うことだという意味です。
特に、お年寄りの病気は、すっかり良くなることが望めない場合が多々あります。高血圧や糖尿病、脳梗塞《のうこうそく》の後遺症などでは、病気と共に生きてゆかねばなりません。たとえ病気が治っても、残りの人生が生き生きと楽しいものでなければ意味がないと思う人がいます。一方で、どんなに窮屈《きゅうくつ》でも命を永らえられるならばよいという人も。それぞれの患者さんが望まれる療養生活を、できるだけ叶《かな》えること。それが医者の力量なのだと、先輩医師の話を聞いて、私は納得したのです。

手のぬくもり

開業して間もないころ、高齢の女性をしばらく往診しておりました。この方は、脳梗塞の後遺症で食事がうまく喉《のど》を通らず、間違って気管のなかに吸い込んでしまうのです。

当時、こんな患者さんには、鼻から細いチューブを胃まで入れて、鼻の穴のところを絆創膏《ばんそうこう》で留めていました。ここから点滴するように流動物を注入するのです。

ところが、この患者さんはチューブを嫌がられ、息子さんからもこの治療行為を断られました。その代わり、食事のたびに一時間以上かけて、スプーンで根気よく口から食べさせるようにしたのです。

半年くらい続いたでしょうか。結局、食べ物や唾液《だえき》が気管に入って起こる肺炎を何度か繰り返して亡くなられました。私は、この患者さんは大変恵まれた幸せな方だと思いました。いくら時間がかかっても、息子さんにゆっくりと丁寧に食事介護をしてもらえる、そんな温かい様子に心動かされました。

それから十年経《た》ちますと、胃瘻《いろう》という方法が、このような患者さんの普通の治療となってきました。鼻の穴からチューブを差し込んでしまうのではなく、お腹《なか》の皮膚に小さい穴を開けてチューブを胃に差し込んでしまうのです。これなら、患者さんにはほとんど苦痛がありません。取り扱いも簡単で、チューブの交換も半年から一年に一度で済みます。当時は優れた方法として広く普及しました。

いわゆる「自然な死」を多くの方が望まれます。しかし、自然な死とは何なのかと考え込んでしまいます。自然な死の対極が、不自然な生と言えます。現代の医療は、自然にはない人工的な生に満ちております。人工心臓、人工呼吸器、そして先ほどの胃瘻など、少なくとも半世紀前には考えられなかった人生です。

しかし、あの患者さんは、人工的で不自然な治療手段を拒否されました。手段そのものに対する理解不足や恐怖心もあったでしょうが、愛し愛される家族とのつながりを断たれる寂しさが、大きな理由になっていたのではと、いまにして思います。手ずからスプーンで食べさせてもらう心の満足は、死を前にしたお年寄りには、何物にも代えがたい喜びであったはずです。

この心の満足を、どうしたら感じてもらえるでしょうか。その神髄を、私たちは授かっています。おやさまの優しい親心が、祈る人の手のぬくもりを通して伝えられる――おさづけの持つこの癒《い》やしの一面を、私はとてもありがたく思うのです。

一枚の写真

往診に通っているうちに、患者さんの息子さんが一枚の写真を見せてくれました。中年の女性が駅のホームで目を輝かせて立っています。誰かを見送っている様子です。昭和三十年代のパーマをかけたヘアスタイルで、着物姿。別れ際のようですが、表情は生き生きとして明るい。映画『終着駅』のような、レトロで懐かしさがあふれるシーンです。

もともと住んでいた九州からお茶の先生が来られて、その方を京都駅まで送ったときの写真だそうです。たまたまカメラマンの目に留まったのでしょう。とてもうまく撮れていて、新聞に入賞作品として載ったそうです。

私には、いつもの寝たきりのお母さんと、写真のなかの四十代の女性が、同一人物にはとても思えませんでした。その表情は、楽しい人生の真ん中にいるという言葉がぴったりでした。

お年寄りは自然な姿として、老いのなかにひっそりと生きていますが、それまでの長い日々のどこかで、どなたも人生の真っ盛りの時を生きてこられたはずです。年を取るごとに身も心も弱ってきて、ついには介助なしではやっていけないようになります。

私たち医療に従事する者は、年を取って、病気で弱った人たちとよく接します。そんななかで、それぞれのお年寄りが人生の真っ盛りを生きてきたということを、すっかり忘れてしまいます。

私の診療所にも、若いころ活躍された多くの方々が来られます。いま弱っておられる姿ではなく、これまで精いっぱい生きてこられたその方の個人の歴史に心を向けて、共感を持って診療しなければいけないと常に自戒しています。

「全人医療」ということがよくいわれます。病気を診て、人を診ないということのないように、という意味です。病気だけ診るという傾向は、医療技術が進めば進むほどひどくなりがちです。患者さんの歴史にまで心配りが行き届くことは、ほとんどありません。しかし、医療は人を相手にするのですから、それぞれの患者さんが心の奥に大切にしまっている人生の思い出に対しても、深く敬意を払う姿勢がぜひ必要だと思います。

生まれ替わりを繰り返す私たちは、いまの若さが老いにつながる、老いがまた新しい人生につながることを教えられています。弱ったお年寄りが生まれ替わり、いずれ私たちの世話をしてくれることになるでしょう。その人が、私の生き生きと生きた日々のことを、ちょっとでも思ってくれたら、どんなにうれしいかと思わずにはおれません。

社会で生きるお年寄り

お年寄りの、特に女性から、たまにこんなことを聞きます。

「家で大事にしてくれて、何もしなくていいのです。でも、毎日、何もすることがないのもつらいものです」

もっともなことで、退屈も大きな苦痛なのです。

患者さんのなかで印象に残る元気な老婦人が二人います。

七十九歳のAさんは農家の人で、診察の前に腰から大きなコルセットを外します。長年、畑で働いてきて、ひどく曲がった腰にはコルセットが手放せなくなっています。高血圧と糖尿病で来られていますが、声にいつも力があって、元気はつらつです。農作業で忙しくて、診療所に来る時間も惜しい様子です。

七十五歳のBさんは、診療所にバイクで来られます。訴えには、めまいもあります、動悸《どうき》もあります。体のことはいろいろ心配ですが、いつも目が輝いています。道沿いの小さな店をご自分で切り盛りされていて、近くの菜園の手入れをし、暇を見つけては美術展や、いろいろな地域の会合に出かけていかれます。

お二人とも病気は間違いなくあり、身体的にも十分に老化が見られる、立派なお年寄りです。しかし目が輝き、声に張りがあり、表情が生き生きとして、私もうらやましいくらいです。

生きがいがあるということは、たとえ病気があっても心身を元気にします。お年寄りから生きがいを取ってしまうことは、薬を奪うよりずっと悪いことだと、毎日の診療から感じています。老化に一番の薬となる生きがいを処方できれば、きっと現代の名医になるに違いありません。

生きがいというのはどうも、何がしたいとか、何が面白いとかではないようです。むしろ面白くなくても、しなくてはならないこと、その人がしてくれないと周りが困ること、その人が必要とされるようなことです。たとえ、ささやかなことであっても、それが大切であり、お年寄りに必要なのだと思います。つまり、社会のなかで生きていると実感することができる「こと」なのです。

Aさんには人が買ってくれる作物があり、Bさんには近所の客が来る店がありまます。弱ってしまったお年寄りにも生きがいがあれば、もっと元気に過ごされるはずです。毎晩声をかけて世間話をするだけでも違うはずです。昔の元気なころの思い出話に耳を傾ければ、これはもう高度医療の特別処方です。

一方、隔離療法は、最も良くない治療法の一つだと思ってください。

てをどりで心を伝える

秋田県に素晴らしい盆踊りがあるのを最近知りました。およそ八百年の歴史があるといわれています。毎年この行事のために、町中が老若男女を問わず一生懸命に練習します。手振りも複雑で、メロディーも数十種類あるそうです。私はこれをテレビで見たのですが、よくここまで伝統を大切にするものだと感心しました。この踊りに着ていく浴衣《ゆかた》を、それぞれの家が大切に保管していて、ある家では江戸時代のものが美しいまま残っていました。

近ごろの日本人は踊らなくなりました。戦後間もないころは、教会の直会《なおらい》の後、信者さんが輪になって炭坑節《たんこうぶし》を踊ったものです。楽しいにつけ、うれしいにつけ、身体《からだ》を動かして気持ちを表現し、心をさらけ出す。これが踊りの良さでしょう。

そのうえ、この町の素晴らしさは、踊りを通してお年寄りと若者が、教える者と教《おそ》わる者に分かれて礼儀正しく練習する仕組みを、いまも守り続けていることです。

サンフランシスコに留学しているときに、私は小さな天理教の教会に通っていました。アパートの一室が神殿でした。会長さんは八十歳近い老婦人でした。初代のご主人が亡くなって後を守っておられたのです。この方は毎日、朝晩に半下りずつ「てをどり」を勤めておられました。私も加えてもらって、手振りの間違いを何度か気づかされました。あとでおいしい炊きたてのご飯をごちそうになるのが、一番の楽しみでした。

いま思い出すと、英語の分からない老婦人が、ほとんど一人きりで暮らすのに、「てをどり」はなくてはならないものだったと合点しました。まず、心が勇みます。お地《じ》を歌うことで記憶力が鍛えられます。足腰の相当弱ったお年寄りにも、無理なく全身運動ができます。大きな声を出せば、心肺の鍛錬にもなります。決して、おつとめを軽んじているのではありません。尊い教理とは離れても、「てをどり」はお年寄りに最適ではないかと、ずっと思い続けています。

たとえば、脳卒中《のうそっちゅう》で左の脳がやられると、言葉が出ない失語症《しつごしょう》という病気になることがあります。ところが、右の脳には音楽としての言葉を出す能力があり、歌としての言葉を出せる患者さんがおられます。おつとめは、こんな方にも実行でき、大いに役立つのです。

さらに、このおつとめの手を、教会の先輩が若い人たちに教えることができれば、世代を超えて信仰を伝え続けることになります。お年寄りには誇りを、若者には敬意を持ってもらう、絶好の機会になるはずです。そんな一瞬が、ひと時でも多くあってほしいと願っています。

心の元素

医学が進めば進むほど、ますます〝新しい不思議〟が生まれてきます。脈の乱れがひどく、私の外来を紹介されて来院した若い男の人がいました。この方は長らく口から食べ物が全く取れず、いつも胸の静脈から栄養素を注射で入れ続ける治療を受けていました。大腸の病気で、食べるとひどい下痢《げり》をするので、腸管をほとんど切り取ってしまったのです。そこで、水分はもちろんですが、分かっている限りの栄養素をすべて計算して、毎日必要な量を注入するのです。

ところが、何年も経って、心臓の筋肉に障害のあることが分かってきました。筋肉の力が弱ってきて、脈が乱れるのです。似たような病気が中国の風土病にあり、その原因がセレンという元素の不足であることが分かってきました。そこで、静脈から入れる栄養素のなかに、微量のセレンを加えるようになったのです。

セレンといっても聞き慣れない言葉です。酸素とか水素とかと同じ元素の一つです。本当にわずかな量、一日に一万分の一グラムほどが人間に必要なのです。十分に計算して栄養を補給しても、人間では計算し尽くせない自然の恵みがあることに感心してしまいます。科学が進歩すればするほど、神様の働きが偉大で素晴らしいことを思い知らされるのです。

この若い患者さんは、口から食べ物を入れる楽しみもなく、何年も病院で過ごしておられましたが、いつもにこやかな表情で穏やかな暮らしぶりに見えました。その態度に、周囲の人たちは心を動かされていたようです。

食欲は、私たちが一番諦《あきら》めることのできない欲望です。人は食べるために生きると言う人もいるくらいです。そんな欲深いお互いですから、この若者の穏やかな表情に、信じられない美しさを感じたのだと思います。

この方と個人的に話をしたことはありません。病院のなかで時々見かけた彼は、車椅子《いす》の上でいつもにこやかでした。なぜ、あんなふうにいられるのか、病気のつらさを知る者には、とても信じられないことでした。

彼には、私たちがまだ知らない小さな小さな心の元素があって、その働きで心をいつも元気にしていたのだろうと、私は勝手に想像しています。それは〝真の喜び〟という元素かもしれません。彼のような苦難の人生を生きなければ持つことのできない、大切な心の元素です。

医学の進歩も大切ですが、わが心の進歩ははるかに魅力的です。素晴らしい心の元素を私も発見できるよう、これからも信仰を深めていきたいと思っています。

食欲という欲

もともと私たち人間は、食べ物がなくて飢えるということに慣れていました。体の仕組みも、飢えに耐える能力を大切につくられています。西洋の絵画展で、果物や魚や鶏《にわとり》などがテーブルにいっぱい盛られている絵をよく目にします。長い人間の歴史のなかで、ごく最近まで、飢えないことが一番大きな幸福だったのです。

ところが、私たちの生きている日本はどうでしょう。「飽食の時代」といわれるほど、食べ物があふれているのです。飢えには強いが飽食には弱い人間ですから、食べ過ぎた結果、多くの方が糖尿病になってしまいます。

この数十年の間に日本で糖尿病が増えてきた原因の第一は、この栄養過剰だといわれています。戦争を起こすことなく過ごしてきた平和の恵みの一つが糖尿病だと、皮肉交じりに言う方もいるくらいです。

こんなに食べなければ、きっと糖尿病は治るのにと分かっていても、好きな物を食べないでおくのはとてもつらいことです。食欲を自分の意思でコントロールすることは、簡単なようで、なかなかできるものではありません。

ある日、いつも来られる患者さんのコレステロール値が正常の一・五倍以上になっていました。あわてて聞きますと、近所の方から卵を一箱頂き、おいしいから朝晩食べ続けていたとのことです。早速これはやめてもらいました。行き過ぎるところはありますが、何事にも積極的な方なのです。

その後に糖尿病が出てきましたので、食べ過ぎて肥えないように指導しました。一、二カ月すると、データがまた極端に良くなっていました。持ち前の積極さで、玄米を毎日食べているとのことでした。体重は一〇キロ近く減りました。玄米は同じ量を食べているつもりでも、あとでお腹が本当に空《す》いてきます。同じ茶碗《ちゃわん》でもカロリーが白米より随分少ないのです。この方を通じて、糖尿病の食事指導の大切さをあらためて教えていただきました。

おやさまの教えに「病の元は心から」というお言葉があります。糖尿病を診ていると、このお言葉の意味が何となく素直に納得できるのです。健康に悪いと分かっていても、食欲という欲を抑えること、まして打ち勝つことは本当に難しいと思います。心の欲が糖尿病の元なのだと、心から納得するのは並大抵のことではありません。

このごろよく耳にする生活習慣病という言葉は、私たちの欲から出た現在のライフスタイルに大きな原因があるという意味です。たばこやお酒も、ケーキの食べ過ぎも、病気につながる不摂生は全部、私たちの心から出ているということを考えてもらいたいと思います。

水の味

三十代の男性が、高血圧と腎臓病で長らく通院していました。一年前くらいから腎臓の働きが落ちてきて、その年の秋には、とうとう人工透析《とうせき》が必要な尿毒症《にょうどくしょう》という状態になりました。透析というのは、腎臓の働きの代わりを機械がする治療法のことです。

正月を前に、この方が急に呼吸困難を起こして来院しました。両方の肺に水が溜《た》まって、レントゲンで見ると肺がほとんど真っ白になっていました。こんなとき、普通は尿を出す利尿剤《りにょうざい》を注射するのですが、尿毒症になっている方には効きません。緊急入院して透析を始め、身体から水分を抜く治療で、やっと症状が軽くなりました。

腎臓は、身体にとって要らなくなった、または毒になるようなものを濾《こ》して血液をきれいにする濾過《ろか》装置の働きをしています。ちょうど、コーヒーの豆にお湯を注いで、フィルターから落ちてくる汁を集めるように、腎臓には血液を濾過するフィルターのような機能があるのです。ただ、コーヒーとは違って、要らないもの、つまりおしっこが濾過されて下へ出てきます。この働きを人工的に作ったフィルターでやってしまうのが透析です。

透析には大きく分けて二つの働きがあります。一つは、不要な尿毒素を血液から取り除くこと。もう一つは、余分な水分を血液から抜き取ることです。水分は要らないものではありませんが、あり過ぎると困るものなのです。

透析も次第に落ち着いてくると、週二、三回決まった時間に透析を受け、残りの時間は家庭での日常生活が可能です。しかし、大切なことがあります。食事の制限を守って暮らさねばなりません。お肉や魚の量、塩分の量などが制限され、生野菜や果物に注意が必要などと指導されます。

私は透析の勉強会に出て、患者さんと食事をしたことが何度かありますが、一番つらいと思ったのは、味が薄いことでも果物が食べられないことでもありません。食事中に水が欲しいだけ飲めなかったことです。

健康な私たちは、水はただで欲しいだけ飲めるものと決めてかかっています。ところが、透析の患者さんは、目の前にある水を飲むのに神経を使わねばなりません。尿が出なければ、飲んだ水分は出ていくところがありません。透析で水を抜かねばならず、たくさん飲めば、それだけ透析の時間が長く必要になります。

「水を飲めば水の味がする」

ふと、このお言葉が浮かびました。水の持つ喉ごしの良さ、あの無味な心地よさは、何物にも代えがたい食卓の必需品だと実感することができました。

治る認知症

このごろ、どうもボケてきたようです。病院へ連れていくのもかわいそうなので、ちょっと往診してください。そう言われて気軽に出かけましたが、はっきりした異常は見当たりません。家族の話を聞きますと、少し様子がおかしい程度ということでした。一応、頭のことですから、脳卒中なども考えられ、病院を受診するように勧めましたが、高齢だからと断られました。

何度か往診するうちに、意識のレベルも次第に落ちてきました。かといって、手足はちゃんと動かせます。半身麻痺《まひ》のようなものはありません。認知症の始まりだろうかと考えました。

しかし、どうもおかしいので、病院で検査してもらうよう強く勧めました。やっと家族が病院に連れていき、頭部の精密検査を受けました。CTというレントゲンの検査です。普通のレントゲンではなく、大きなドーナツの輪のような装置のなかに頭を置いて、周りをぐるぐるとレントゲンが回ります。そうすると、頭のなかにある脳を、卵を輪切りにしたような絵にして映し出します。それをモニターの画面で見て、どこかに出血した所がないか、血管が詰まって壊死《えし》した場所があるか、できものはないかと詳しく調べるのです。

このCTで調べても、脳に異常はなかったのですが、脳と頭蓋骨《ずがいこつ》の隙間《すきま》に血液の固まりが見つかりました。この固まりが、豆腐のように軟らかい脳を圧迫していたのです。それで意識がおかしくなっていたのでした。

このような病気を硬膜下血腫《こうまくかけっしゅ》と言います。脳を包んでいる硬い膜と脳との隙間に血液が溜まってできるのです。目立たぬように徐々に起こりますから、慢性という言葉が前に付きます。よく老人ボケは治らないと言います。実際、治らない認知症がほとんどです。なるべく病気が進まないようにするため、リハビリや薬や、いろいろな治療が試されています。

ところが、認知症のなかには治るものもあるのです。その一つが慢性硬膜下血腫です。場所が分かれば、そこに穴を開けて血液の固まりを取り除いてやれば、見事にボケは治ります。先ほどの方も手術を受けて退院され、それから短歌の歌集を出版されました。

諦める前に、正しい検査を受けることを、ぜひ忘れないでください。医療の技術は検査の面で非常に進歩しています。医者も薬も親神様のご守護のうちです。神様に感謝して、きちんと利用することだと思います。

名医

心臓内科医は外科医のようなところがあります。遅い脈を速くするため、皮膚を切開して体内にペースメーカーという電気装置を植え込んだりします。また、カテーテルと呼ぶ細い管を手足の血管から差し込み、心臓まで送り込んで、治療したりもします。心臓の血管が血栓《けっせん》によって詰まり、心筋梗塞《しんきんこうそく》を起こすと、このカテーテルで掃除するのです。

血栓の掃除は、早く済めば身体への負担が軽く済みます。たとえ夜中でも、病院に駆けつけ、四、五人でチームを組んで治療に当たります。大げさかもしれませんが、ちょうど戦場にいる兵士のような気分で、やる気満々で頑張るのです。それだけ、やりがいがあるのです。心臓の状態は数分という短い時間で変わっていきますから、一瞬の油断もできない真剣勝負です。

私が医者になりたてのころ、何度も痙攣《けいれん》を繰り返し、意識がなくなる発作《ほっさ》で担ぎ込まれた患者さんがいました。心電図は、心室細動《しんしつさいどう》という非常に恐ろしい脈の乱れが起きていることを示していました。発作が起こるたびに、胸に機械を当てて電気ショックをかけます。そうしますと、いったん正常の脈に戻りますが、また起こります。ベッドの周りを数人の医師が囲み、狭い部屋に十人くらいのスタッフが出入りして、まるで戦場のようでした。何度も何度も繰り返すうちに、普通の脈に戻ると、脈が遅くなって心電図に異常が出ることが分かってきました。

そこでリーダーの医師が、当時まだ珍しかったペースメーカーを使うことを思いつきました。この装置で心臓の拍動《はくどう》を速くすれば、発作が起こらなくなるかもしれない。早速、必要な器具があちこちから集められ、ペースメーカーの電極が心臓に入れられました。体の外に置いてある装置のスイッチを入れますと、患者さんの脈拍は八〇、九〇と速くなり、恐ろしい脈の乱れは消えました。

当時まだ研修医だった私には、魔術のように見えました。ついさっきまで白目をむいて痙攣を繰り返していた患者さんが、静かな息をしてベッドに横たわっているのです。とても劇的な場面で、いまもよく覚えています。

しかし考えてみると、この医師たちに正確で深い知識と的確な判断力がなければ、いろいろな機械も技術も絵に描いた餅《もち》になります。医者が親切なことはもちろん大切ですが、その前に、常に熱心に勉強して、正しい判断を下せる能力がなくてはなりません。ただ、熱心さと親切さが、両方うまく備わっている人は、そんなにはいません。そこで、こんなお医者さんのことを名医と呼ぶのだと、私は思っています。

薬も神の恵み

ステロイドというと、アトピー性皮膚炎を思い浮かべる方が多いでしょう。皮膚の炎症を強力に抑えて、アレルギーで全身に広がった湿疹《しっしん》が治る。しかし、あまり使っていると副作用のほうが心配になる。これしか効かないという病気もあるほど大切な薬ですが、一般には評判が良くありません。

このステロイドが効いて、幸せになった三人の女性がいます。

Aさんは、多発性筋炎という珍しい病気でした。病院に来られたときには、電話の受話器が取れなくなったと言っていました。次に来られたときには箸《はし》が持てなくなってきて、即入院となりました。全身の筋肉に炎症が起こり、急激に筋肉の細胞が壊れていくのです。そのため、箸を握る力も出なくなります。早速、ステロイドの大量内服を開始し、効果が出てきたのを確認して、徐々に減らしていきました。

Bさんは、ループス腎炎という腎臓の病気にかかり、高熱が続き、入院直後から腎臓の働きが急速に悪くなっていきました。一時は透析になるかと心配されました。やはりこの方も、ステロイドを大量に内服し、それでも効果が出ないので、免疫抑制剤という、当時では副作用の強い薬も追加しました。幸い効果が出て、腎臓の働きは次第に正常に戻っていきました。

Cさんは、ネフローゼで他の病院で治療を受けていましたが、良くならず受診されました。腎臓の病気で尿に蛋白《たんぱく》がたくさん出て、体のなかの蛋白が減ってしまい、体中がむくんでくる病気です。この方も、ステロイドの大量内服を始め、効果が出たので、徐々に減量することができました。蛋白尿が消えると、維持量として最低限のステロイド量を決め、その服用を何年も続けました。

AさんとBさんは、いわゆる膠原病《こうげんびょう》という難病の患者さんです。副作用は覚悟のうえで大量の薬を飲み、少々の副作用は乗り越えて薬を続けます。そうしないと、生命に関わるからです。Cさんは、いったん良くなりましたが、二度ほど再発があり、そのたびに入院して、ステロイドの処方を最初からやり直しました。

この三人の女性は、いずれも二十代前半で発病しました。どの病気も治ったとは言えない、いったん安定したという意味で「寛解《かんかい》」という言葉を使わねばならない難しい病気です。うれしいことに、三人とも病気が寛解した後、結婚して子供さんを産みました。発病から二十年近く経ったいまも、母子ともに元気で過ごしていま す。この場合、ステロイドは、患者さんと患者さんの未来と、患者さんの新しい命を救ったことになります。

薬はとかく嫌われがちですが、正しく診断し、適正に使われれば、病人にとってこれほど力になってくれるものはありません。私たちは、豊かさに慣れて薬のありがたさも忘れがちです。健康も食べ物も、そして薬も、神様のお恵みです。

心の通い合い

嫁と姑《しゅうとめ》の関係は、人類に家庭というものができて以来の大問題だと、つくづく思います。日常の診療で、お姑さんが嫁の不足を言い、お嫁さんが姑の大変さを訴えることは珍しいことではありません。

お舅《しゅうと》さんやお姑さんが寝たきりになると、介護をする役割は一番にお嫁さんの肩にかかってきます。何もかもお嫁さんのお世話にならなければなりません。そこで微妙な関係が生まれます。お姑さんは、少し遠慮がちに話されます。お嫁さんは、やや距離を置いて介護をされます。それほど、長年の歴史が大きく影響しているように見えます。

また一方で、姑と嫁は一つの家庭を守ってきた同志でもあります。ほんの少しの時間、在宅訪問をしている私には容易に分からない、長い歴史と心の通い合いがあるはずです。

そのおばあさんは、長く心臓を患っていて、次第に病状が進み、寝ていても時々息が苦しくなりました。昼間、家族は仕事に出ているので、一人で留守番をしていました。心臓の病気でも、重症になれば、食が次第に細くなって痩《や》せていきます。それでも息子さんが搗《つ》いた餅だけは、喜んで食べていました。息子さんはそのことを知っているので、月に一度くらい餅を搗いてくれます。

昼間、往診に行くと、大抵は茶の間で座っておられました。そこで話し相手が来たとばかりに、いろいろと話を聞かせてくれます。耳を傾けると、一人でいる不安をそれとなく話されます。愚痴《ぐち》ではありません。嫁も外へ出て忙しい。よく働いてくれている。だから私は留守番をして、しっかりしなければという思いから来る、遠慮のようなものを感じました。

だんだんと病状が進んできて、とうとうお嫁さんが仕事を辞め、おばあさんの看病をするようになりました。心臓の病気で息が苦しくなれば、最後の治療は酸素吸入くらいしかありません。これをおばあさんが嫌がって、医者の指示通りに吸ってくれない。これも愚痴ではありません。むしろ、姑の身を思うがゆえに、気ままにさせてやりたいという遠慮のような気持ちが混じっていました。

ついに臨終の段階になって、寝ていても苦しい、座っていても苦しいという心臓喘息《ぜんそく》の状態になってきました。お嫁さんはそばにいて、トイレに立つ介助をしたり、手を添えてベッドの上に座らせたり、何度もそのような介添えを、口数少なくやっていました。

亡くなる間際になって、息子さんもお孫さんも、離れて暮らしている娘さんたちも家にそろい、枕元を囲んで心配そうに見守っていました。次第に息が途切れがちになり、苦しいので手を添えてほしいようなそぶりに、お嫁さんはお姑さんの手を握りました。お姑さんもそのまま、息を引き取るまで握り続けていました。このとき、嫁と姑の間にある心の糸のようなものを私は感じたのです。

II

ドクターの本棚

ストレスで心臓がたこつぼに？

人の心とは、どこにあるのでしょうか。

昔から、胸が「痛む」「熱くなる」「張り裂ける」などと、人の心の動きや感情は、胸という言葉で表されてきました。心という字は、この胸にある心臓の形をかたどった象形《しょうけい》文字です。

心臓は四つの部屋に分かれています。上に二つの心房《しんぼう》と下に二つの心室《しんしつ》。いずれも血液が収まる部屋のことです。「心」という字の上の二つの点が「心房」を、下の二つが「心室」を表します。特に、右側の大きい〝はね〟が左心室です。

実際の左心室も一番大きく、身体《からだ》中に血液を巡らせるポンプの働きをしています。

きっと古代の中国人は、人間の胸を開いて心臓を見たに違いありません。驚くほど的確に、心臓の形を文字に表しています。

現代では、人の心は脳にあると考えられています。意識がなくなっても心臓は動いている「脳死状態」から考えても、心の働きが脳にあることは納得できます。それでも、脳にある心と心臓の間には、切っても切れない関係があることは実感できます。愛《いと》しい人が目の前に現れれば、心臓は途端にドキドキしてきます。

このような脳と心臓の密接なつながりを証明する一つの病気があります。「たこつぼ心筋症」という病気です。

不思議な名前の病気ですね。英語でも"Takotsubo"のままです。少し難しくなりますが、心臓の仕組みを説明しますので想像してみてください。

まず、口の大きく開いた壺《つぼ》を思い浮かべてください。この口の上に太いホースがつながっています。一方、壺の上には水差しが載っていて、その注ぎ口ともつながっています。壺と水差しは、伸び縮みする筋肉でできています。この筋肉の壺は、

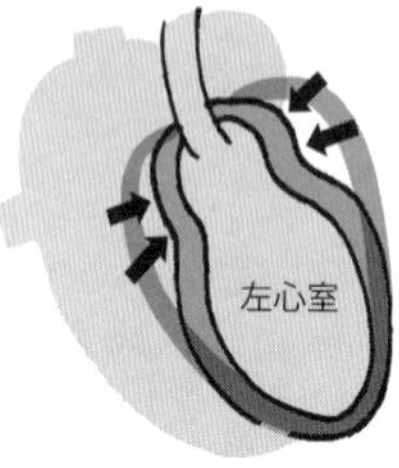

たこつぼ心筋症

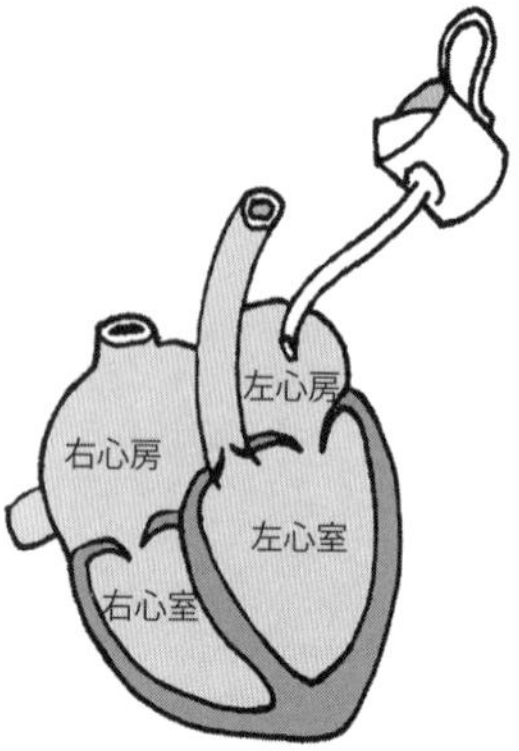

心臓の構造

水差しから入ってくる血液をいったん中に溜《た》めて、それを太いホースに吐き出す仕事をしています。この水差しのことを「左心房」、壺のことを「左心室」と呼びます。

心臓は、こうした筋肉の収縮によって血液を吸い込んでは吐き出すという、ポンプの働きをしているのです。

ところが、もともと広い口の壺だった左心室の出口付近が、突然、たこつぼのようにキューッと絞られて狭くなり、血液を外へ出せない状態になることがあります。この病気のことを「たこつぼ心筋症」と呼んでいるのです。

ある高齢の女性が、肝臓の病気と高血圧で通院していました。そこへ、卵巣《らんそう》がんが見つかって手術を受けられた。そんな日々のなかで、ストレスが積もり重なったのでしょう。ある日、勤め先の同僚と口論となり、激高したあとで胸痛が起こり、救急を受診しました。突然の胸の痛みですから、当然、心筋梗塞《しんきんこうそく》を疑いますが、詰まった血管は見当たりません。心臓の動脈が硬くなり、筋肉を動かすための血の流れが止まって起こる、狭心症《きょうしんしょう》や心筋梗塞ではなかったのです。

過度の興奮は、血圧を上げたり、脈拍を速くしたりします。極端な状態では、アドレナリンというホルモンが一気に大量に身体のなかを巡り始めます。心臓の筋肉も、アドレナリンの作用で思いきり縮みます。結果、壺の上の出口に近い筋肉が痙《けい》攣《れん》して、キューッと収縮する。心室のなかの血液を吐き出せなくなり、心臓の動きがダウンしてしまうと考えられています。

興味深いのは、この病気が日本で初めて発見され、その後十年ほど遅れて、欧米でも報告されるようになったことです。「たこつぼ」という特殊な日本語が世界で通じる病名になっていることが、何よりの証拠です。では、なぜ日本で発見されたのでしょう？　それは、日本の特殊な恵まれた事情があったからです。

わが国では、国民のほとんどが健康保険に入っています。国内どこででも、ある一定レベル以上の医療を受けることができます。そのため、非常に早い段階で心臓の詳しい検査を受けることができ、突然起こる病気も調べることができたからだといわれています。

さらに、もっと興味深い話があります。

精神的ストレスが、人の心の大きな負担となって病気になる。これはよく耳にすることですね。その最も極端な一つの例が、この「たこつぼ心筋症」だと言えます。やはり、繊細な心を持っている人間だからこそ、こんな病気が出てくるのだろうと思いますよね。

ところが、これと同じような病気が動物にも起こることが、随分前から獣医の間ではよく知られていたというのです。

『人間と動物の病気を一緒にみる』（バーバラ・N・ホロウィッツ、キャスリン・バウアーズ著、インターシフト）という本があります。

狩りで捕獲された動物が、そのまま傷もないのに死ぬ現象を取り上げています。動物が捕獲されるということは、食べられてしまうことを意味し、限りなく強い恐怖に襲われ死に至るのだというのです。まさに「たこつぼ心筋症」の病状にぴったりです。百年くらい前から、ハンターの間で知られていたことなのだそうです。

「病の元は心から」――心と病気のつながりは、人間に限られたことではなく、広く一般の動物にも起こっているのです。

「がんもどき理論」は正しいか

『医者に殺されない47の心得』（アスコム）という、はなはだ刺激的なタイトルの本を書いたのは近藤誠《こんどうまこと》氏です。彼は慶應《けいおう》義塾大学病院放射線科の医師であった一九九〇年代に、がんと診断されても放っておいてよいがんがある、本当のがんは手術をしてもその前に転移しているから助からないが、転移のないがんは命に別状がない、つまり、がんのようでがんではない、そういうものを「がんもどき」と言うと主張しました。この考え方に、二十数年経ったいまでも共感する人が多く、影響力はなお健在です。結局、死ねば本物のがんであった、生きればそれは「がんもどき」だという話で、あと出しジャンケンだと批判する人もいます。私もそのように思います。

実は、この話にけりをつけた本が、すでに二十年も前に出版されていました。しかし、一般受けしなかったために、広く知られないまま、近藤先生の話をそのまま信じている人たちが多くいます。

「がんもどき」が間違いだと言ったのは、当時、自治医科大学の病理学者であった斎藤建《さいとうけん》先生です。一九九六年に『近藤誠氏の「がんもどき理論」の誤り』（主婦の友社）を出版され、明解に近藤先生の主張を否定されました。なぜ斎藤先生の指摘が、いまだに広く世間に受け入れられないのか。おそらくは、話として面白くないからでしょう。ジャーナリズムの世界では、事の真偽よりも話題の面白さが優先するのだと思います。

二人の医師の主張を、できるだけ分かりやすく説明してみようと思います。まず、近藤先生は放射線科医で乳がんが専門でした。乳がんの早期がんは、単に大きさが二センチ以下という基準で決められていました。そのなかには、本当の早期で、ど

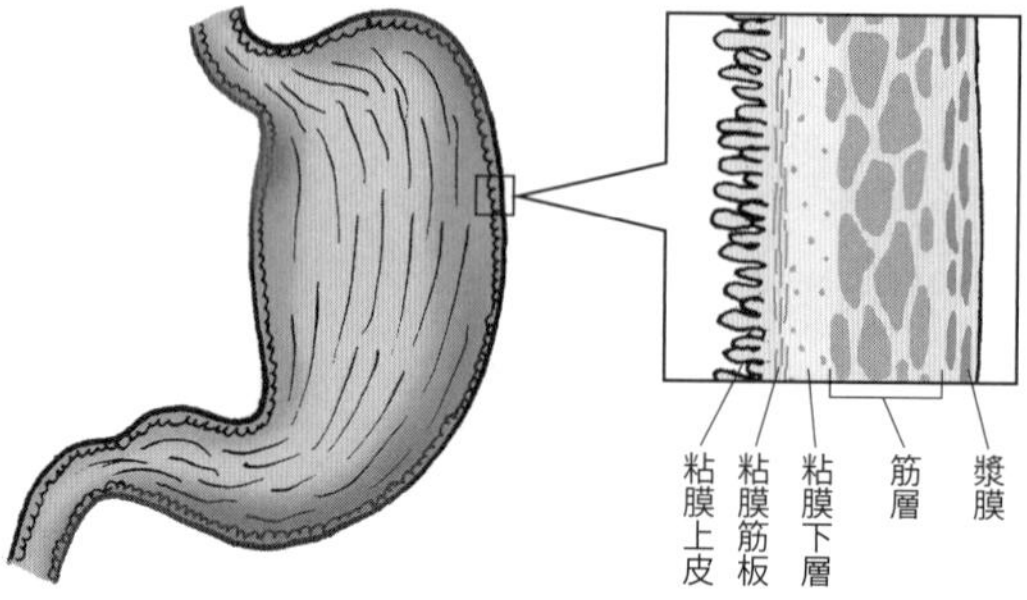

胃壁の断面

こにも転移していないものから、手術の際にはすでに転移しているものまで、いろいろな段階のがんが交じっています。それで、転移をしているものは本物のがんで、していないものは「がんもどき」だという話になるのです。

それでは、「がんもどき」を否定している斎藤先生の解説を見てみましょう。胃がんを取り上げてみます。胃がんの早期がんは、乳がんのように大きさで診断するのではありません。がんの組織の一部を採取して、その構造を詳しく観察します。がんは胃袋の内側表面にある上皮《じょうひ》から発生します（右図参照）。そこで、上皮の薄い膜のなかにできているがんが、それより深いところにまで広がっているかどうかを観察します。

胃袋の壁は、何枚かの膜が層になってできています。寒い日には、まず内側から薄い下着、厚い下着、ボタンのついたシャツ、セーターというふうに、何枚か重ね着をしますよね。この場合の薄い下着が、胃袋の壁の一番内側にある上皮に当たります。そこから何枚目かに厚い筋肉の膜があり、一番外側の漿膜《しょうまく》に至ります。胃の早期がんとは、この内側の上皮層から発生したがんが、粘膜下層までに留《とど》まっていて、それより深く外側に広がっていない状態と決められています。

乳がんの場合は、乳腺《にゅうせん》という細い管の内側の膜、つまり上皮からがんが発生します。胃がんと同じ考えであれば、本当は膜のどこまで深くがんが広がっているかを観察して、早期かどうかを決めなければなりません。しかし乳がんでは、この分析が技術的にできないのです。そこで、発見可能な最小の大きさで直径二センチ以下のものを早期がんと呼ぶことにしたのです。つまり、胃がんと乳がんとでは、早期がんの決め方が根本的に違っているのです。

ところが、この点を無視して、近藤先生は胃がんの分野にまで「がんもどき」の話を広げました。早期胃がんは、上皮のなかにあるがんだから転移はない。したがって、手術しなくても放っておいてよいのだと主張しました。

その証拠として、イギリスの医学雑誌『ランセット』の記事を引用しています。これは本当の意味での論文ではありません。症例報告のようなものです。八例の早期胃がん患者さんを三年間追跡して、全員が生存しているという結果でした。

しかし、同じころの日本の研究論文では、ほぼ半数が死亡していたのです。さらに重要なことは、手術をした早期胃がん五十万例に、再発による死亡者はいませんでした。早期胃がんは、放っておいても何も起こらず助かる例もありますが、進行して死亡する確率は半分くらいあります。それが手術をすれば、全員が生存することができるのです。

もう一つ、大切なことがあります。近藤先生は、がんで死ぬのは転移のためであるとしています。たとえば、乳がんから脳にがん細胞が転移して、そのために命を落とすといったケースです。

転移とは、最初にできたがんが、遠く離れた場所に住み着いて大きくなることです。ところが、離れた場所ではなく、隣の臓器に侵入して広がっていくことがあります。これを浸潤《しんじゅん》と言います。乳がんは、皮膚と胸の筋肉の間にある乳腺にできます。ですから、がんが浸潤して広がっても、皮膚を破って外に出てくるくらいで、命を落とす原因にはなりません。浸潤しても、命に関わることはまずないのです。

しかし、胃がんの場合はどうでしょう。すぐ隣に膵臓《すいぞう》や肝臓があり、腹膜というお腹《なか》に網を張ったようなものもあります。胃がんが胃の壁に深く広がり、外の壁と隣り合わせの腹膜や肝臓に広がっていけば、転移ではなく浸潤という広がり方であっても、命に関わってきます。つまり、転移でなくてもお腹のなかにがんが広がっていき、命を奪うのです。このことに目をつぶっているのが「がんもどき」理論の弱点です。

近藤先生の功績の一つは、早くから「がん告知」という思想を広げたことで、いまでは告知することが普通になっています。また、それまで乳がんでは徹底的な拡大手術が普通でしたが、一部切除による乳房温存手術の有効性を認知させました。手術に偏りがちな、がん治療の問題点も指摘しました。

いろいろな功績は認めますが、「がんもどき」理論をすべてのがんに当てはめ、早期がんの放置を勧めたことは大きな間違いであったと私は考えます。早期がんといっても、どの臓器の早期がんかをきちんと分けて考え、これまでの治療成績を元に先の見通しを立てる必要があります。自分だけで判断せずに、医師の助言をよく聞いて治療方針を決めましょう。

遺伝子のスイッチと信仰

天理教の信仰者で、高名な分子生物学者の村上和雄《むらかみかずお》先生が、早くから「遺伝子のスイッチ」という話をしておられます。遺伝子は命の設計図で、絶対変えることのできない運命のようなものであると考えられてきました。しかし、そうではなく、どのように生きてきたかによって、現れる姿に変化が起こり得るというのです。

遺伝子そのものは決して変わりません。しかし、どの遺伝子がどの程度働くかが調節され、出てくる結果が変わります。この調節の働きを、村上先生はスイッチと言っておられます。現在では、この働き全体を「エピジェネティクス」と呼んでいて、医学の世界でも大変注目されています。近年、遺伝子のなかからスイッチの作用をする因子が突き止められ、さらに詳細な研究が進んでいるのです。

エピジェネティクスの現象自体は、早くから知られていました。たとえば、秋まき小麦を低温に長くさらしておくと、春まき小麦に変化する。これを春化現象と言います。秋まきの遺伝子が、スイッチの働きで春まきに変化したのです。また、女王蜂《ばち》は、普通の働き蜂と遺伝子は同じですが、ローヤルゼリーを与えられることで遺伝子の働きが変わって女王蜂に変身します。これも、遺伝子のスイッチが働いたためと考えられます。

映画『ローマの休日』で可愛《かわい》い王女様を演じたオードリー・ヘップバーンは、第二次世界大戦中、オランダで青春時代を過ごしています。ドイツ敗戦までの半年間、首都アムステルダムで、彼女たちはチューリップの球根を食べて飢えをしのいだそうです。

この大戦終結直前の半年間には、飢えが大勢の妊婦の栄養も奪い、胎児はひどい低栄養状態で育ち、生まれました。戦後、こうした人たちを、五十年間、詳細に追跡した研究があります。それによれば、母親が妊娠前半に飢餓に見舞われた人たちは、心筋梗塞や糖尿病などの生活習慣病にかかる確率が普通よりも高いそうです。一方で、大腸がんになる確率が低くなることも明らかになりました。生まれる前に受けた栄養不足のストレスが、遺伝子のスイッチの働きを変えてしまい、何十年も経って病気のかかりやすさに影響したと考えられます。

英国の遺伝学者ティム・スペクター氏の著書『双子《ふたご》の遺伝子』(ダイヤモンド社)に、このことが紹介されています。ティム氏は、さらに英国で四千組の双子を調査し、一卵性双生児《そうせいじ》に限った結果について述べています。

一卵性双生児は、二人とも遺伝子の中身はそっくり同じです。ところが、二人の生きざまが遺伝子の働きを変えていきます。社会的地位が違ってくると、環境に差が出て、寿命にさえ違いが出てくるというのです。直接の証拠はありませんが、遺伝子が何かの働きをする際に、その働きを強くしたり弱くしたりする調節装置によるものと考えられています。人生で降りかかる肉体的・精神的ストレスに応じて、調節装置が働きを変えるためだというのです。つまり、遺伝子のスイッチの働きです。

この本は双子の問題に限らず、遺伝子がすべてを決めるという固定観念に挑戦するものです。中に書かれている面白い話を、いくつか紹介しましょう。

まず、信仰心に関する研究で、信仰心は遺伝すると結論づけています。欧米の双子研究によって、信仰心に四〇パーセントから五〇パーセントの遺伝的要素があることが明らかにされました。離ればなれに育てられた一卵性双生児でも、信仰心が篤《あつ》いかどうかはとてもよく似ているとのことで、信仰心は明らかに遺伝の影響を受けているとしています。

一方、遺伝の影響を受けない例として、幸福感について紹介しています。「幸せになるための実際的な方法」という真面目《まじめ》な研究によれば、幸せになるには、気難しい人を避けて幸せな人々の近くに引っ越すことがいいのだそうです。

ニューイングランドの住人五千人を二十年にわたり調査し、社会的ネットワークと幸福度の変化を記録した研究があります。その結果、幸せな人は幸せな人同士で、不幸な人は不幸な人同士で集まって暮らす傾向があることが明らかになりました。その傾向は、遺伝子や家系では説明できませんでした。

幸せがウイルスのように広がっていき、一マイル（約一・六キロ）以内に幸せな人がいると、幸せになる確率が四分の一高くなる。さらに距離が縮まると、確率は一層高くなったというのです。幸せの中心に幸せな人がいて、それが周りに広がっていくのだそうです。

中山善司・真柱《しんばしら》様の継承奉告祭の際に発布された「諭達第一号」のなかで、感激したお言葉を思い出します。

「人は生きながらにして生まれ変わる」

長らく科学や医学の世界では、遺伝子ですべてが決定される、才能や容貌《ようぼう》や体格など、すべてが遺伝子によって決まる、というドグマ（信条）が信じられてきました。それをさらに広げて、遺伝子による人格の優劣を論じるまでになってきました。

しかし、現代の科学では、遺伝子そのものは変わらなくても、現れ出る働きが変わり得るという科学的証拠が発見され、理論的な解明が進められているのです。

高血圧、糖尿病や高脂血症《こうしけっしょう》など生活習慣病と呼ばれる病気は、日常生活のなかに病気を悪化させる原因があると考えられています。高血圧の場合は、まず日本食の塩分量が多いこと、過密な仕事環境や運動不足、栄養過多による肥満などが悪化因子として挙げられます。これらの生活環境が長期間続くと、遺伝子の調節装置に変化が起きてくるのです。

たとえば、マウスに、脂肪が八割を占める餌《えさ》を食べさせると、脳の細胞の遺伝子に関わる調節装置が変化を起こすことが確かめられています。このため、高脂肪食で飼育したマウスは食欲が過剰になり、肥満しやすくなるのです。

精神的ストレスの影響を調べた研究では、心理的ストレスをかけて血圧、脈拍を増やしてみると、その反応の程度に応じて遺伝子調節に変化が出たという研究結果もあります。遺伝子のスイッチが生活習慣の影響を受けて、オン・オフと切り替わることが考えられるのです。

言い換えると、生活において心の使い方を変えることで生きざまが変わる、そして、病気につながりやすい遺伝子のスイッチが切り替わる可能性が見えてきた、と言えるのではないでしょうか。

習慣はなかなか変えられないものだ、という諦《あきら》めを、思いきって捨てる。信仰の力を借りて乗り越える。これが健康生活に結びつく鍵《かぎ》であると、私は診療経験から信じるのです。

インフルエンザ攻防の教訓

東日本大震災から、もう七年半が経ちます。その前の出来事などは、記憶の外になってしまいそうですが、二〇〇九年春にアメリカから広がった新型インフルエンザ（以下、インフルと略します）で、日本中が一時緊張しました。メキシコの巨大な養豚場から新しい型のインフルウイルスが広がって、日本に上陸するのに一カ月くらいしかかかりませんでした。当時、私は天理医師会の会長をしていたので、対策本部の運営を担っていました。会議には、天理市の行政をはじめ、郡山《こおりやま》保健所、警察、消防など関連団体部局から四十余りが参加しました。

この一年前に、国は鳥インフルの対策を立て、天理医師会も、その計画に沿って準備していました。天理市立病院（当時）を拠点に発熱外来を開き、そこへ応援に行き、場所が不足する際には、近くの前栽《せんざい》小学校校舎を入院施設にする、などと計画されていました。

当初は、新型豚インフルに、どれほどの毒性があるのか分かりませんでした。アメリカで死者が出ているらしいが、特効薬のタミフルは効果があるのかどうかもはっきりしません。鳥インフルと同様の毒性なら、緊急出動するわれわれ医師にも、それなりの覚悟が必要だったのです。

市の計画が本格始動する前に、奈良県が発熱外来を公立病院に設置するよう指令を出し、天理では市立病院がそれに当たりました。次第に新型豚インフルの正体が明らかになり、例年流行するインフルの対応で大丈夫と判明。タミフルも有効と分かり、日常の診療態勢へと戻っていったのです。

国でも、以前から新型インフルは鳥インフルH5N1型であると想定して、対策が立てられていました。

これは非常に毒性の強いもので、死亡率は五〇パーセントを超えていたので、恐れられて対策が練られていたのです。現実には、鳥インフルが人から人へ直接伝染するのは例外的です。そのため、通常のインフルのように、あっという間に広がっていくことはなく、非常に局地的で特殊な環境での感染に限られるようでした。こうして、豚インフルH1N1パンデミック（爆発感染）の騒動は鎮静化し、鳥インフルの恐怖もいったん和らぎました。

インフルは空気感染の形をとるため、伝染力が非常に強く、あっという間に世界的な広がりを見せます。歴史上、最大の流行となったスペイン風邪は有名です。一九一八年当時の状況を『四千万人を殺したインフルエンザ』（ピート・デイヴィス著、文藝春秋）で見てみましょう。時は第一次世界大戦の真っ最中でした。

「第五十七連隊を含め九千人の兵士がリバイアサン号でフランスに向かう。ほかに船員が二千人乗り込んでいる。九月二十九日、ニューヨークを出港。翌日の朝にはもう船の診療所のベッドは満員になり、三十六時間のあいだに七百人が発病し、最初の患者が死亡した」――世界大戦のさなか、米国はヨーロッパ戦線に何万人もの兵隊を送らねばなりませんでした。結局、インフルによる死者は戦争の死者と同じくらいになりました。船で送られる兵士たちは、敵地に着くまで船から逃げ出すことができず、まさに地獄絵図となったのです。

以下は、その公式報告の一部を同書で紹介したものです。

「実際に見た人でなければ想像がつかない。激しい鼻血で出来た血の池が、部屋のあちこちに出来ていた。医師達は足の踏み場もないようなところから逃げだそうとしても、どうにも出来なかった。というのは、蚕棚《かいこだな》のベッドとベッドのあいだの通路は、きわめて狭かったからだ。甲板はぬれて滑りやすくなっていた。恐怖におののく男達のうめきや叫び声が我勝ちに治療を受けようとわめく患者達の混乱と重なり、すべては地獄そのものが支配するところとなっていた」

同書にある、診療に立ち会った医師の手記は驚くほど強烈なものです。

「患者は急速に、あるいはほぼ一瞬のうちに、虚脱感におそわれ、いままでやっていたことがつづけられなくなる。ひどいだるさのせいで、その場にごろりと横になるが、無理してベッドまで這《は》って行くしかなくなる」

これは私の経験と比べると、最近のインフルとは全く違う症状の強さです。まして、鼻血などの出血をすることは経験したことがありません。

さて、ワクチンは予防の決め手といわれてきました。日本臨床内科医会から報告された昨年の調査結果では、十歳代で接種した人と、しなかった人とでは、インフル発病率に約三倍の差があり、接種効果は明らかです。

次ページのグラフは、日本がインフルワクチンの学童接種を中止した一九九〇年前後のものです。棒グラフはワクチンの生産量で、一九八八年ごろから急速に減っています。一方、折れ線グラフは、インフルの流行によって死亡したと推定される人数です（超過死亡）。ワクチン生産量とは反比例して、増えているのが分かります。二〇〇一年ごろから再び任意接種を受ける人数が増えて、死亡者数は減少しているのです。

幼児（1～4歳）の超過死亡とワクチン生産量

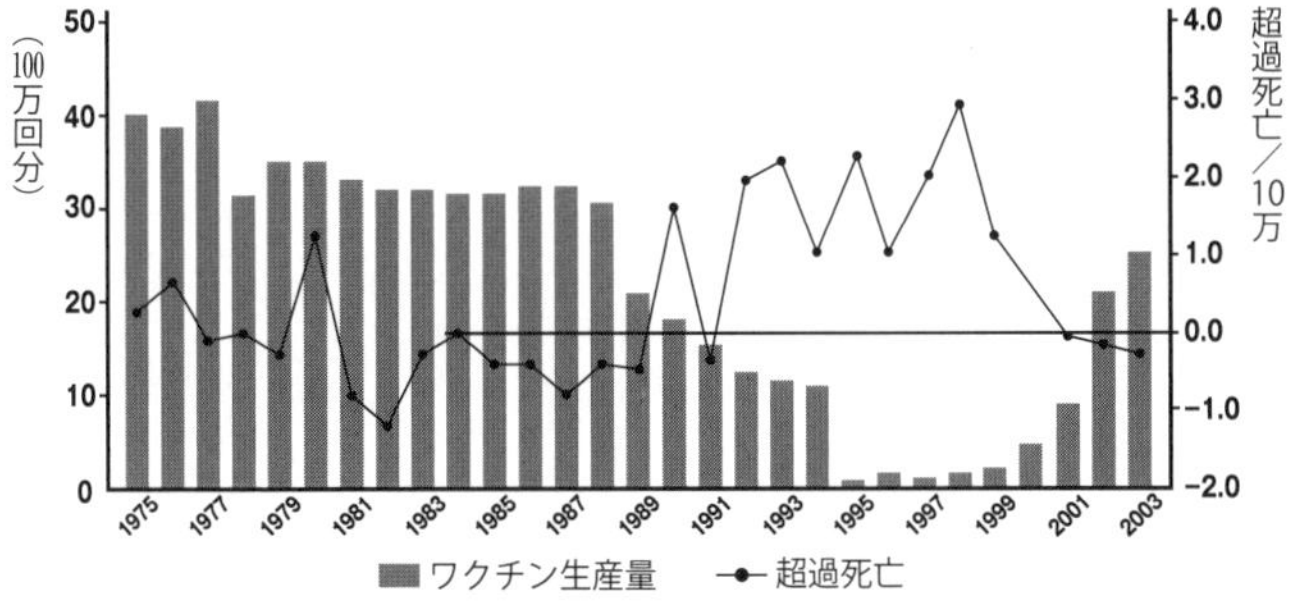

毎年の1～3月の総死亡数から、12月の総死亡数の3年移動平均を引いた数値を超過死亡率とした。ワクチン生産量は、0.5mlを1ドース（1回分の接種量）として計算した〈Sugaya N,et al:Clin Infect Dis 41:939-947,2005〉（日本小児感染症学会編『日常診療に役立つ小児感染症マニュアル2007』より）

この図から明らかなように、インフルワクチンは効果があり、最近では、国がお金を出してお年寄りに接種するよう勧めています。

ただし、この本にはワクチンに関する興味深い話が載っています。

一九七六年三月、新兵のなかで豚インフルが出て一人が死亡し、専門家はスペイン風邪の再来を恐れました。再選を目指していたフォード大統領は、早速ワクチン接種計画立案を宣言。方針が揺らぐなか、急いで作られた新しいワクチンが、十二月中旬までに四千五百万人に接種されました。

この間に、神経麻痺《まひ》や筋脱力で重症の場合には呼吸麻痺を起こす「ギランバレー症候群」が発生。約四千件発生し、死亡者も二十人程度出たといいます。ワクチンの副作用と考えられ、混乱のなか、ワクチン製造会社が大量のワクチンを急造したことが影響しているのではないかといわれています。

日本でも六年前の豚インフル流行時には、ワクチンの製造が追いつかず、外国からの緊急輸入を政府が決めました。外国産のものは日本と違ってアジュバントという効果増強剤が含まれています。副作用を心配した賢明な判断で、このワクチンはほとんど使われることはありませんでした。巨額の資金が無駄になったと聞いています。

病気の大流行に際しては、むやみに恐怖をあおらず、日ごろから周到な準備と、冷静な判断が求められることを、肝に銘じなければなりません。

糖尿病とおたすけのこころ

すっかりお馴染《なじ》みになった糖尿病は、長い年月の間にいろいろな合併症が起こる病気として恐れられています。日本では、糖尿病になりかけている人を含めると、その数はおよそ二千万人に上るそうです。

糖尿病では、血液中のブドウ糖、つまり血糖の濃度（血糖値）が高くなります。インスリンはこの血糖値を下げる働きをしますが、これが最初から出ないタイプのⅠ型と、インスリンは出せるし精いっぱい出そうとするけれども、それ以上にたくさん食べるので、血糖値を十分に下げることができないタイプのⅡ型があります。

大部分の人が、Ⅱ型糖尿病です。食事の量が多い割に運動量が少なく、肥満になって発病する生活習慣病の一つです。政府は、メタボ健診を実施するなど、食事や運動などの生活指導を徹底して、糖尿病を減らそうと躍起になっています。なにしろ、尿毒症《にょうどくしょう》になって透析《とうせき》をしなければならない人が、毎年一万人以上増えるのですから、医療費の高騰《こうとう》に直結するのです。

インスリンが糖尿病治療に使われ始めたのは一九二二年で、もう百年近くになります。以来、治療に対する研究が積み重ねられてきました。特に、ここ三十年間で治療法は目覚ましく進歩し、薬の種類も増えました。最近普及しているDPP-4阻害剤という薬は、よく効いて使いやすいので重宝しています。おかげでこの数年、患者さんの血糖値は以前よりかなり改善してきました。

もちろん、患者さんの努力も大変なものだと思います。私が診《み》ている患者さんで、長距離トラックの運転手をしている方がいます。大きな体格で、体重は一〇〇キロあります。仕事柄、食事が不規則で外食が続き、ドカ食いをすることが多くなるようです。主治医の私がいろいろと工夫しても良くならず、専門科で教育入院をして、驚くほど良くなって退院されました。入院中に生活状況を詳しく調べ、夜勤の多い無理な勤務をなるべく避け、食事も規則正しく適量を食べる努力をするように指導されたのが良かったようです。

食事療法は、空腹感に耐えて、自分自身の心をコントロールしなければなりません。「そもそも食欲を抑えることができれば、糖尿病なんかになっていない」と諦めて、投げやりになる人は多いだろうと思います。


天理よろづ相談所病院「憩《いこい》の家」に、糖尿病専門医として日本中によく知られた先生がいました。現在は、奈良県立医科大学の教授として活躍されている石井均《いしいひとし》先生です。早くから患者さんの心と向き合って、どうすれば病気に打ち勝つ前向きな心を持ってもらえるかを真剣に考えてきました。米国の有名な糖尿病研究機関に留学し、心理面の研究を深めて一冊の翻訳書を出版しました。『糖尿病　こころのケア』（医歯薬出版）という表題で、糖尿病に関わる心の問題を丁寧に解説しています。

この本は米国糖尿病学会によるもので、糖尿病患者とその家族が療養していく間に直面する心の葛藤《かっとう》を、どう処理するかについて、患者サイドに立って優しく解説しています。I型糖尿病のため、幼いときからインスリン注射や自己血糖測定などが必要となる人たちと、その家族に主眼が置かれているようです。

「前向きではない思考を振りはらう」の章には、「なぜ、糖尿病になってしまったのだろう」と自分を責める心理に注目しています。患者さんは自尊心を傷つけ、自己破壊的になりがちだと言っています。糖尿病にかかっているのに、食事を自分の意思でコントロールできない。そのことが、自尊心を傷つけるのだというのです。

私は、これほど患者さんの心理を深く考えたことがありませんでした。血糖値の良し悪《あ》しを見て、軽い気持ちで「もっとダイエットに努力してください」などと言ってしまいます。医師が思うよりも、患者さんはずっと深刻に病状を心配しているのだと、あらためて知らされました。

別の章には「食べてはいけないと思うと、食べたい」という、患者さん思いのタイトルが付けられています。糖尿病であることは、必然的に意識を食事に集中させることになり、食べないでおこうと思えば思うほど、食事に対する思いが強くなります。そして、食べ物を制限しなければならない人は、心のなかに〝警察〟を作り出す過ちを犯すのです。医師の指導を守れない自分自身を責める気持ち、自責の念を植えつけてしまいます。

この本では、こうした食べ物に対する強迫観念を生まないようにするには、食事に対して柔軟な態度を取り、前向きに考えるようにする、食べ物に関係のないスポーツなどの活動をする、などの提言をしています。

そして、注目すべきは、『自分のことを考えすぎないようにするには他人を援助すること』という諺《ことわざ》を引用している一節です。他人を援助することが最良の薬かもしれないと述べています。

「人たすけたらわがみたすかる」(三 47)という「おふでさき」のお歌が思い出されます。

病気に悩む人は、ただただ自分の身体のことばかり考えてしまいます。苦しさを早く取り去ってほしい、死ぬ恐怖から早く逃れたい。そんな思いが心のなかに充満して、周りの人がどれほど自分のことを心配しているかを忘れがちになります。まして、つらい自分のことはさておき、他人の悩みに耳を傾け、なんとか解決するように努めようという心の余裕は出てきません。

もっともなことです。しかし、悩んでばかりいては迷路に入り込んだようなもので、同じことばかりにとらわれて出口が見えてきません。この際、発想を変えて、自分の悩みはいったん脇に置いて、目の前で困っている人のお世話をしてみよう、そうすれば、悩みの迷路から抜け出すヒントが見つかるよと、本書は言っているのです。大変興味深い話です。

私はこの本を読んで、病気になった人が心の方向転換をしたり、弱った気持ちを強くしたりすることが、いかに難しいことであり、大切なことかを知りました。患者さんの生活状況や人間関係、子供のころからの性格、病気を含めた日常生活のつらさなどを本当に理解しないと、適切な助言や支援は難しいと思います。それでも、いつも前向きに考えて行動する、少し楽観的に病気と付き合うということが、キーポイントのようです。

医師や患者家族も、このことを忘れないようにして、患者さんを管理するのではなく、援助するのだという姿勢を持ち続けるようにと結んでいます。

私も、ようぼくの端くれです。できる限り、信仰に根差した〝おたすけのこころ〟で、患者さんを支える診療ができるように心がけたいと、あらためて反省しました。

医は仁術か、ビジネスか

いまの政府は、デフレに苦しむ日本の経済を再び元気にするため、第三の矢として医療の産業化を目指しています。儲《もう》けの種として、医療を活用しようという発想です。MRやCTといった最新の大型医療機器は、産業技術の結晶で、これに高度の医療が加われば世界へ進出することが可能となります。ところが、良いことばかりではないと警鐘《けいしょう》を鳴らす医師は少なくありません。

その一つを紹介しましょう。﨑谷博征《さきたにひろゆき》先生が書かれた『医療ビジネスの闇』（学研パブリッシング）という本があります。彼は奈良県立医大を卒業した脳神経外科医で、中国やASEAN諸国でも活動しているそうです。目次を見ると、病気ビジネス、健康の産業化、洗脳される医師たち、惨事を利用する医療などと、刺激的な言葉が並んでいます。この本のなかで最も私の関心を引いたのは、製薬会社が第二次世界大戦の主役だったという件です。

ドイツ巨大化学企業の同盟組織（カルテル）が第二次世界大戦前に設立され、ヒトラー率いるナチスとの協力で占領地域に事業を拡大しました。なんと、このカルテルに、敵国英米の大財閥から資金提供がなされていたというのです。戦後のニュルンベルク裁判（ドイツによって行われた戦争犯罪を裁く国際軍事裁判）では、このカルテルが存在しなければドイツの戦争遂行は不可能であったと結論づけられ、会社役員幹部が有罪となりました。判決の結果、組織は三つの会社に分割されましたが、その後、ドイツの有数巨大企業として復活、さらに大きく発展し活躍しているそうです。

また、「病気は〝つくられている〟」という項目がありました。たとえば、ゴルフプレーヤーのタイガー・ウッズ氏が、浮気騒動でクラブを振り回す奥さんに追いかけられ、ニュースになったことがありました。その際、彼はクリニックに入院して

「セックス中毒」という診断で治療を受けました。この後、国際的に有名な精神疾患診断マニュアル：ＤＳＭ‐Ⅴに「過剰セックス障害」という病名が加えられそうになったという話を紹介しています。

このほか、ＤＳＭには改訂ごとに新しい病名が追加されています。医学研究の成果とも言えるでしょうが、二〇〇八年、ニューヨークタイムズ紙は、ＤＳＭの編集員の半数以上が製薬会社とつながりがあると暴露しました。製薬会社にとって、新しい病気の認定が儲けにつながると著者は指摘しています。

製薬会社といえども私企業ですから、「儲け」を出さなければなりません。これは法律事務所も同様です。ひところ、よくサラ金の過払い請求を支援する法律事務所のＣＭをラジオで耳にしました。もちろん、当事者には大きな支援の力となりますが、この宣伝費用は法律事務所の儲けから支出されています。

同じようなことが、薬の分野でもあります。肺炎球菌《はいえんきゅうきん》ワクチンを、高齢者が自治体の援助で安く受けられるようになりました。そこで、ワクチンを受けるように勧める広告が、テレビCMで流れています。この広告主は、ワクチンを製造している製薬会社です。高額な広告費を払っても、収益が上がるようになっているのです。

高齢者である私は、肺炎球菌ワクチンを受けました。幸い副作用はありません。インフルエンザの予防接種も二十年以上毎年続けていますが、重大な副作用は経験していません。ワクチン事業が、人類に恩恵をもたらしてきた事実は認めるべきです。ただし、個々のワクチンについては、慎重に考えねばなりません。

ワクチンといえば、最近話題になったのが子宮頸《けい》がんワクチンです。接種すると痛みが強いために、いろいろな訴えが接種後に出て、副作用が心配され、日本ではいったん中止になっています。米国はワクチン大国で、赤ちゃんが生まれるとすぐ、新生児に十六種類ものワクチンを接種しています。ワクチンの副作用が心配されるところですが、米国では一九八六年に、連邦小児ワクチン障害法が成立しました。目的は、安定したワクチン供給を補償するために、訴訟から製薬会社を保護することです。製造元の製薬会社は、責任を問われることがなくなりました。

ここで興味深い話を載せています。米国は乳児（一歳未満）に二十六回のワクチン接種を義務づけています。にもかかわらず、乳児死亡率は一千人のうち六人です。スウェーデンと日本では、乳児に十二回のワクチン接種をしていますが、乳児死亡率は米国の半分以下です。この差は、ワクチンの効果がないからか、副作用などの悪影響があるためなのかは明らかにされていないそうです。

私が専門とする高血圧の分野で最近話題になった、論文捏造《ねつぞう》のことを考えましょう。血圧を下げる降圧剤には何種類かのグループがあり、昔から使われていた薬が次第に新しい薬に替わっています。それには、替わるだけの理由があります。五十年ほど前には、血圧を下げるために利尿剤《りにょうざい》が使われていました。ただし、一回の処方量が多かったので、糖尿病になりやすいなどの副作用もありました。そこで次々に新しい薬が開発され、最近ではＡＲＢと呼ばれる降圧剤が主に使われています。

この薬は、腎臓を保護する働きに優れていて、さらに種類によっては、糖尿病や脳卒中の予防に特に優れているものがあると考えられています。同じ種類のＡＲＢが現在、五銘柄ほど使われていますが、どの薬を選ぶのか医師は迷います。

製薬会社は、自社のＡＲＢの特長を強調して宣伝し、売り上げを伸ばそうと考えます。そこで、研究論文で優れている証拠を示そうとします。このため、少しでも良いデータを得ようと努力し、結果として不正が起こるのです。

﨑谷氏は、日本で起きたような論文捏造事件は、米国では決して珍しいものではないと言います。米国では、この十年間に約八百件の重大な誤りのある研究論文が名指しされ、撤回されているそうです。医療ビジネスの先進国の実態です。

以上、﨑谷氏の著作から医療と経済活動の関係を考えてきました。医療は人命を支え、病苦から救う大きな役割を果たしています。命に直接関わるだけに、経済性を無視しても、何とかしようと考えます。しかし、金の切れ目が命の切れ目である現実も否定できません。

経済の発展が医療技術の進歩につながることは疑いのないことですが、その成果が人々に公平に行き渡る仕組みが大切です。もっと生きたいという欲と、たすかってもらいたいという思いが、うまく均衡する社会になるには、人生観や死生観の元になる宗教の役割が大変重要になってくると思います。

心療内科が目指すもの

実は学生のころ、私は登校拒否症になりました。罪滅ぼしに実家の教会で、神殿の床拭《ふ》きを毎日やったことを思い出します。そのころ、何か飲み込むと、一緒に空気が胃に入り込んで苦しくなる「呑気《どんき》症状」に悩みました。これは一種の心身症状です。

人は非常な心配や恐怖などによって、心の平静が保てなくなると、身体に症状が出てきます。有名なのは、過呼吸症です。呼吸を鎮めようとしても、身体が勝手に早く呼吸をしてしまい、止めようとしても止まらないのです。

このような、精神と身体の両面が絡み合って出てくる病気を専門とするのが、心療内科です。精神科でも診ることはできますが、身体的苦痛が伴うため、どうしても内科の視点が必要となります。

天理よろづ相談所病院「憩の家」には、かなり早い時期に、この心療内科が開設されました。一般の内科医院にとっては、とてもありがたい存在です。胸痛や動悸《どうき》、胃もたれ、手の震えなど、いろいろ調べても原因が分からない場合、「これだけ調べたのだから、少なくとも命に関わるようなことはありません」と説明しても、患者さんにとっては、なんの気休めにもなりません。本人は、現在のつらい症状を取ってほしいのです。そんなとき、「憩の家」の心療内科にお願いします。心療内科医は、根気強くて心の広い人格を持つ人でないと、決してできる仕事ではありません。

これをやりきって定年退職された、天理よろづ相談所病院心療内科部長を務められた岡部憲二郎《おかべけんじろう》先生が、苦労の実績を本にまとめられました。先生は、同院でレジデント（研修医）を済ませてから、この分野の開拓者である九州大学の池見酉次郎《いけみゆうじろう》先生の教室で修練を積み、「憩の家」に復職されました。書名は『生きること悩むこと』（講談社ビジネスパートナーズ）です。

この本を読んだ率直な感想は、とにかく人には、いろいろな悩みがあるものだということです。タイトルに「は」を加えると、「生きることは悩むこと」となりますが、まさにそれぞれの患者さんたちは悩みと格闘して涙を流し、医師はその言葉に忍耐強く耳を傾け、受け入れて支えるのです。

なかでも信じがたい話がありました。六十年来の卵アレルギーが、催眠療法で治ったというのです。この女性は寿司《すし》屋で玉子を避けながら握りを食べていましたが、そのうちに蕁麻疹《じんましん》が出て呼吸困難になり、意識を失って救急車で運ばれました。寿司職人さんが、直前に玉子を握った同じ手で女性の分を握ったことが、あとで分かりました。手に残っていた卵のごく少量の成分が、アレルギー反応を引き起こしたのでしょう。どれくらいの強さでアレルギー反応が出るのかを皮内《ひない》反応で調べてみると、卵黄を一千万倍に薄めた液体でも陽性結果が出ました。

そこで、彼女の希望で催眠療法が始まりました。催眠状態で、卵を少しずつ手につけて試していくのです。最初は卵だと思わせて、ただの水を手のひらにつけるところから始めて、次に本物の卵の液体を手のひらにつけてみる。うまくいったら、場所を変えて腕につけてみる。その後も段階を踏んだ取り組みが功を奏して、とうとう目玉焼きを普通に食べられるようになったそうです。良くなった後で、もう一度、皮内反応を調べてみると、最初と同じく一千万倍に薄めた液体でも、結果は陽性だったというのです。

私はアレルギー医療に詳しくありませんが、長年の経験や一般的な医学知識から見て、本当に驚異的な話でした。当の岡部先生も「いったい何が変わったのだろう」と問いかけています。

心と身体の密接なつながりを否定する人は、いないと思います。ひどく心配すれば動悸が強く打ち、指先が震える。こんな日常の体験から、心身のつながりは実感できます。「病は気から」と言うと、その通りだと同感される方は多いでしょう。身体のつらい症状を診断したり治療したりする場合、心理的な面を考える必要がある患者さんに「心身症」という病名が付きます。心身症の分野を中心に、専門的に診るのが心療内科です。

多くの人が精神科の入り口のように思っているようですが、池見先生の著書によると、ヒステリー、ノイローゼ、抑うつ状態などは本来、精神科で診てもらう病気だということです。あくまで内科をベースにして診療することがポイントです。

この本には、がん末期の患者さんの精神的支援の例もいくつか載せてあります。大腸がんで人工肛門《こうもん》をつけた患者さんがいました。手術から四年後にがんが再発し、肛門の奥を鈍器でかき回されるような痛みで苦しんでいました。大量のモルヒネを使っても痛みは取れず、幻覚まで出てきたので、岡部先生を訪ねて受診したのです。

この人は、若いころ覚醒剤《かくせいざい》を使用したことがあり、その後も酒を飲むと暴れて、奥さんや娘さんを困らせていました。その彼が、「自分が死んだら、あとが心配です」と言いました。先生は「そうですよね。お父さんとして、あとのことが心配ですよね。あなたは自分の病気のことよりも、お子さんのことを心配しておられるのですね」と応えました。

一週間後、彼は明るい顔で診察室にやって来ました。

「先生に診てもらってから、ずいぶん良くなりました。家族のことを心配していると言ったとき、先生は『そりゃあ、そうでしょう』とおっしゃった。ふつう、そんなことを気にするよりも、自分のことを治すように、と言います。その言葉が心に残りました。自分の気持ちを分かってもらえる人がいると思ってうれしかったです」

そばにいた娘さんも「ずいぶん見違えるようになりました」と言って、喜ばれたそうです。

亡くなる少し前、彼は車椅子《いす》で本部神殿へ参拝に出かけました。道端にきれいなススキを見つけて、「少しもらって帰ろうか」――それが、人のために何かをしようとした最後の気持ちでした。ススキの束はナースステーションのカウンターに飾られました。そして、その二日後に息を引き取りました。

この話を通して、患者さんの優しい心を生み出すには、思いやりの心で応えることが大切だと、私は学びました。

心療内科は、とらえどころのない分野です。ただ、岡部先生を含め心療内科を志す人は、人間がこよなく好きなのでしょう。高度に科学化した現代の病院は、人の心を忘れがちになります。この欠陥を埋めるのが、心療内科の重要な役割だろうと思います。

心療内科の開拓者である池見先生は、旧制高校のとき、ひどい胃下垂《いかすい》で苦しみました。断食や玄米食などを試しましたが、衰弱するばかりだったそうです。藁《わら》にも縋《すが》る思いで、ある宗教団体に飛び込み、そこでの精神の転換によって見違えるほどたくましくなったといいます。そして、現代医学と宗教という二つの立場をうまく統合した医学を求めるようになったということです。

岡部先生はお道の医師で、同じような思いで心療内科医をやり抜かれたのだと、私は確信しています。

心臓移植と魂

半世紀前、私が学生だったころ、大学の講堂で南アフリカから来たバーナード教授の講演を聴きました。彼は、世界で初めて心臓移植手術を成功させた医師です。それから随分経《た》って、「憩の家」の若い女性患者さんがイギリスへ渡り、移植手術を受けました。成功して帰ってこられた姿を見て、私は本当に驚きました。ベッドの上であれほど苦しんでいた方が、目の前に笑顔で立っているのです。

しばらくして、日本でも心臓移植への関心が高まり、「脳死は人の死か」という議論が盛んになり、ついに移植法成立に至りました。しかし、この問いかけに、私はいまでもノーと答えます。脳死であっても心臓が動いている限り、魂に授かった命は続いている。そのことを認めたうえで移植することは許される、と思っています。では、移植を受けた人の思いはどのようなものなのか、これを知る良い手がかりになる本が、『記憶する心臓』（クレア・シルヴィアほか著、角川書店）です。

著者のクレアは、たびたび夢を見て、その夢の意味を深く考える霊的な性格を持っていました。一人娘を持つシングルマザーで、舞踏家として活躍しながら教職に携わっていた四十五歳のとき、原発性肺高血圧症という重病にかかりました。肺動脈が柔軟さを失って枯れ枝のように硬くなり、先が急に細くなってしまう病気です。肺に血液が流れなくなってしまうのです。私は、同じ病気の患者さんを何人か診ましたが、回復することはありませんでした。

クレアはとうとう主治医に「貴女《あなた》は死にかけています」と宣告されました。「ここで眠りについたら、もう二度と目覚めることはないかもしれない。息をするたびに、これが最後かもしれないと思った」という、最悪の状態に陥りつつありました。

そのころに検査を受け、「心臓移植の適応あり」と判定されたのです。幸運にも当時、全米で四番目に移植手術を許可された病院が地元にできました。一カ月後には、その病院の第一例目の患者として、心臓と肺の同時移植手術を受け、成功を収めました。心臓と肺を提供してくれたドナーは、バイク事故で入院した十八歳の青年でした。

ところが、手術後に彼女の新たな精神的苦悩が始まるのです。集中治療室の数日とその後の数カ月で、彼女は「ドナーの魂の一部が自分のなかに存在しているという感触が日ごとに強まっていく」ことに苦しみます。

体調は回復し、ビールを飲みたいと口走るほど元気になりました。でも、彼女はもともとビールが好きではなかったのです。大嫌いなピーマンが好きになり、近寄りもしなかったファストフード店でチキンフライを食べるようになりました。手術後に、なぜ食べ物の好みが急激に変化したのか、彼女は考えるようになります。

そのころ男性の夢を見て、なぜか彼の名を「ティム」と記憶します。この男性の食べ物の好みを、自分の身体のなかに受け入れたのではないかと考えるようになりました。最初の一年が過ぎると、恐ろしい夢を何度も見るようになり、精神分析家のロビーに相談するようになります。

彼は当時、心臓移植患者を主人公にした小説を構想中でした。クレアとロビーを中心に、心臓移植患者の集いを始めました。お互いに話をするなかで、人それぞれ微妙な違いはあるものの、移植後に自分の性格が変わったと感じていたというのです。自分の新しい心臓が〝誰か〟であり、その誰かと自分の間に何らかのコミュニケーションが成立していると考えている、とも言っています。

クレアは、夢で見たティムが心臓を提供してくれたドナーであると確信し、どうしても家族に会いたいと思い始めます。彼が事故で命を落とした日の新聞記事を調べ上げ、とうとう家族の居所を探し当て、手紙を書きます。そして、ティムの両親、兄弟と面会するのです。

ティムの家族は、彼が好きだったビールとピーマンとチキンフライを、手術後のクレアが好むようになったと知ります。ティムの祖母とクレアは、感動的な抱擁《ほうよう》を果たします。墓参して食事も共にし、クレアはティムの家族に別れを告げました。

のちに、父親がインタビューで「息子の魂は、彼女が受け取った身体の一部にいまも宿っています」と語っているのが印象に残りました。

さて、この本は、心臓移植を受けた人たちの精神的苦悩に焦点を当てています。特に、著者自身に移植された心臓が夢を通して語りかけ、迫ってくる。ドナーの魂の力を受けとめ、悩む過程がつづられています。

本当にそんなことがあるのか。心臓は体のポンプであり、自動車で言えばエンジン、取り替えるのは自動車修理と同じ、と心臓外科医は考えるのです。心臓に意識があり、レシピエント（臓器の受容者）の心や行動にまで影響することはないと言いきります。当然、これが一般的な考え方だと思います。

一九八〇年代、二十人の心臓移植患者に対して行った調査で、九割の人たちが「新しい心臓をもらった実感がない」「ドナーのことなど全く考えない」などの回答だったとのことです。移植された心臓は、患者さんの胸のなかで、一つの部品のように静かに納まっているはずだ。そう考えるのが普通です。著者のクレアは、この態度を「事実否認」という言葉で批判しています。実際は違っているが、生きていくうえで不都合なことには目をつぶる態度のことです。実際は心臓の元の持ち主のことが気になるのだが、その思いを心のなかに押し隠しているというのです。

ただ、著者の非公式調査によると、食べ物の好みが変わることは確かなようです。極めつきは、重症の肺疾患患者の男性A氏が心肺移植を受け、その際に、自分の心臓を第三者B氏へ譲ったドミノ移植のケースです。

恒例の心臓移植患者の運動会で、A氏とB氏が一緒に競争します。A氏は自分の心臓を持つB氏に負かされました。このとき、二人でゆっくり語り合ったところ、B氏が手術後好きになった食べ物は、A氏の好物ばかりだったというのです。

食べ物の好みが変わったから心臓が意識を持っている、とは言えません。しかし、臓器提供者であるドナーの何らかの性格や体質を、もらう側のレシピエントが受け継いでいる可能性は否定できません。さらに心臓移植の場合には、二つの別々の命が一つの身体のなかで生きているという実感、あるいは妄想《もうそう》的な感覚は消えないと推測されます。

命は、私たち一人ひとりの魂が、神様から授かったものです。それゆえに、移植されて生きている心臓はドナーの魂の一部であり、移植されたレシピエントの魂と完全に一つになることは信仰上あり得ないのではと、私は考えます。

認知症を生きるということ

一九八九年にベルリンの壁がなくなり、東西の冷戦は終わりました。主導したのは米国大統領のロナルド・レーガンで、良き相棒として大活躍したのが、英国首相のマーガレット・サッチャーでした。大変なストレスのなかで頑張ったお二人は、残念ながら、老後の認知症に苦しみました。わが国も高齢社会になり、四百万人を超える認知症患者さんがおられます。皆さんの周りにも、数人はおられることでしょう。決して他人ごとではありません。

認知症には中核症状と周辺症状があります。

認知症は、記憶障害が中心となる症状で、特に短期記憶、つまりさっき聞いたこと、見たことを忘れてしまいます。子供のころの古い記憶は思い出せます。さらに症状が進むと、「今日は何月何日?」「ここはどこ?」「君は誰?」といったように、自分の周りの状況がつかめなくなる「見当識障害《けんとうしきしょうがい》」が出てきます。これらが中核症状ですが、これに周辺症状がかぶさってきます。

夜中に外をうろつく徘徊《はいかい》や、物が見当たらないのを盗まれたと思い込んで騒ぐなどの症状が、周辺症状です。本人を説得しても分かってもらえないので、世話をする家族の負担や苦労は大変です。もちろん、本人の苦痛は深刻なものでしょうが、どのように患者さん自身が思い苦しんでいるかを、外からは十分に知ることができません。何を感じ何を思っているのかを、介護する私たちが理解することは、とても大切です。

十年以上前に、私は『痴呆《ちほう》を生きるということ』(岩波新書)という本に出合いました。著者は、京都府立洛南《らくなん》病院副院長を務められ、老人保健施設「桃源の郷《さと》」で認知症患者さんを診《み》つづけてこられた小澤勲《おざわいさお》先生です。患者さんの内面を解き明かし、本当に望んでおられる介護をするには、どうすればいいかを考えています。

自分の意思を的確に伝えられない認知症だからこそ、必要で重要な知識です。

この本の初めに、認知症の妻を描いた小説三部作を取り上げています。

いずれも最初の症状としては、どことなく感じが鈍くなったとか、料理の味が以前とどこか違っていたといった些細《ささい》なことでした。この段階では、日常生活にはまだ支障が出ていません。徐々に症状が進み、買い物に出かけても買ったものを忘れるようになり、夫が代わりに行くようになります。つまり、単なる物忘れでは済まなくなり、日常生活に支障が出てきたのです。次に、料理での火の不始末、便の失禁などへと進み、ついには施設へ入所します。

ここで、大事なポイントを小澤先生は指摘しています。患者さんは、忘れやすくなっていることを忘れてしまう。だから、結果的に他人のせいにするという行動が起こってくるというのです。患者さんは、自分が忘れやすくなっていること自体を認知できません。周りから見れば、迷惑をかけているのにケロッとしているではないか、と受け取られてしまいます。周囲は苛立《いらだ》ち、患者さんに当たります。

一方、責められた患者さんは、原因が自分にあるとは思っていないので、いわれなき非難を受けていると感じて、心は混乱し、さまざまな行動障害が反応的につくり出されるのだと解説しています。

このような行動障害、すなわち周辺症状を理解するには、「認知症を生きる一人ひとりの人生が、透《す》けて見えるような見方が必要となる」と強調しています。

まず、「物盗《と》られ妄想」を取り上げましょう。中核症状がまだそれほど進んでいない時期に出やすく、妄想の対象は一人に絞られることが多いのです。つまり、盗人にされるのは多くの場合、最も身近な介護者であることが特徴です。さらに、対象者を激しく非難する攻撃性を伴います。著者は、多くの経験から、「認知症患者が激しい攻撃性によって、彼らの心の奥底に潜む不安と寂しさを覆い隠そうとしているに違いない」と指摘しています。実は、彼らは妄想対象（介護者）に頼りきりたいという心を秘めており、漠然とした人肌恋しさがあるというのです。

この矛盾する二つの感情を「両価《りょうか》感情」と名づけ、さらに解説しています。人は一つだけの感情なら、なんとか耐えることができる。しかし、全く相反する二つの感情がぶつかるとき、どうしても混乱し困惑してしまう。たとえば「頼りたいけれど、嫁に頼るのは沽券《こけん》に関わる」というような感情がそうです。

「喪失感と攻撃性の狭間《はざま》で揺れ動いており、この狭間にあることが、彼らを抜き差しならない窮地に追いやっているのだ。だから、どんなに攻撃性を露《あら》わにしているときでさえ、彼らは身の置き所がないといった不安な表情を垣間見せるのです。喪失感からくる不安こそが、妄想の根底にある彼らの本質的な感情で、攻撃性は二次的に生み出されると考えるのです」

老いるということは、喪失体験を重ねること。世話をする人たちは、この事実を常に心に留めておく必要があると、著者は重ねて述べています。

周辺症状には、ほかに暴言、幻覚、不潔行為などいくつかありますが、徘徊も、とてもやっかいな周辺症状です。興味深いことに、徘徊しようとするとき、女性は

「帰る」と言い、男性は「行く」と言うことが多いそうです。帰ろうとする先は、ほとんどが実家のある故郷であり、行こうとするのは、かつて通い慣れた職場です。私の患者さんも、朝になると鞄《かばん》を用意して出かけようとする。目を離すと、駅のほうへ出て、迷子になりかけることがありました。

彼らは、いま、ここで暮らしているのが居心地悪く、むかし心安らかに過ごし、プライドを持って生きていた時代に戻りたいのだろうと、小澤先生は指摘しています。

認知症が重度になってくると、「偽会話《ぎかいわ》」というものが見られるそうです。

「今日は良い天気じゃのう」

「そうじゃ、そうじゃ、うちの息子は良い息子よ」

あるいは、

「ほんに、今日のご飯はうまかったげな」

「そういうことよのう」

などと会話は弾んでいる。話の多くはすれ違っている。話の筋からすれば、全く噛《か》み合わない偽会話です。

しかし、ここには、気の合った仲間同士、年寄りの茶飲み友達のような雰囲気がにじんでいます。未来への不安や過去への執着からも抜け出して、いま、ここに精いっぱい生き始めているように感じられます。

日常の外来診療でも、認知症の方は大勢おられます。適切に対応できているとは正直申せませんが、たとえ記憶障害が進んだ状態でも、その人を支えてきた誇りや人生の喜怒哀楽の感情には、十分に心を尽くして診療しようと常々思っています。

私は以前、仲間と「道の医療者の会」で活動をしていたときに、小澤先生の教えに感銘を受け、ご講演いただこうと思ったこともありました。しかし、ご病気で叶《かな》わず、のちに亡くなられたことを知りました。ご冥福《めいふく》をお祈りいたします。

医療の理想と現実のはざまで

医者は、患者さんを前にして、いろいろなことで悩みます。まず、病気は何かと考えます。診断がつけば、どんな治療が必要か、この薬を出して大丈夫だろうか、生活の負担にならないか、周りに支えてくれる人、世話をしてくれる人はいるのだろうか、などと、病気のことだけではなく、さまざまなことを考え、悩むことがあります。

診断がつかず、ついても適切な治療法が見当たらない、となれば深刻です。検査のためにつらい我慢をしてくれるだろうか、病状の真実を本人に伝えて大丈夫だろうか、などと悩みます。

こんな医師の苦悩を描いた『ガラス病』（御木《みき》達哉《たつや》著、勁文社《けいぶんしゃ》）という小説があります。著者は法学部と文学部独文科を経て、医学部を卒業しています。二十年ほど前の作品で、もちろんフィクションです。

ガラス病とは、架空の病気で実際にはありません。主人公の女性・智恵子は、サラリーマンの夫と子供と姑《しゅうとめ》の四人家族でした。寒くなると指先が白く冷たくなるレイノー症状は、リウマチなどの膠原病《こうげんびょう》でよく知られています。ガラス病は、これとよく似た症状で、指先がガラスのように透き通るほど白く冷たくなり、硬くなって、それが指先から肩のほうへと徐々に広がってくるのです。

智恵子は、近くの大学病院で教授の診察を受けることになりました。教授に診てもらいたくて集まってくる人々の長い行列に並び続け、夕方、最後の患者となりました。教授は、よくある膠原病とは違うと直感します。世界でも珍しいガラス病と考え、難病治療の研究のために彼女を入院させます。

彼女の入院中に起こる出来事は、どれも医者が日常で直面して悩んでいる問題です。たとえば、入院して早々に、同じ病室の少女が白血病であることを他から漏らされて、落胆のあまり自殺してしまいます。その病室で、智恵子は同室の人たちと共同生活をしながら療養を続けていきます。

奇病の治療方法をいろいろ試しながら見つけようとする主治医の情熱、それに応えようとする智恵子の苦悩、その間に起こる経済的困難などがつづられます。

小説のなかで医師は、病気を診断する主役は精密な検査であり、触診や聴診などは役に立たないと言いきります。また、病気には必ず原因となる何かがあるとして、単一の原因を求めようとします。精神的な関わりを無視します。

しかし、検査というものは、高度になればなるほど一部分の微細な異常を発見できますが、患者さん全体の生命のバランスを見失ってしまいがちです。常に全体に目配りをして、人間としての患者さんをとらえる努力が必要だと思います。そのうえに、主治医であれば、いまの病気以外の体調、暮らしぶり、心のなかについても気づかうことが求められると思います。

智恵子の主治医は、たくさんの研究論文のなかから治療法を探し出し、効果を試していきます。薬のせいで白血球が減少し、無菌室に入る危険な状態にもなります。こうした闘病のさなかに、夫婦は離婚し、子供は実家にいる妹に預けっぱなしになります。しかし主治医は、患者の個人的な悩みや生活苦などに心が及びません。科学的な原因と、薬の作用による結果にだけ関心があります。熱心な研究者であっても、人を治療する医者とは言いがたい、そんな主治医を描き出しています。現代の医師にありがちな姿を、批判を込めて描いているのです。

それでも主治医は、なんとかして奇病を治したいと一途《いちず》に情熱を燃やし、医療保険では難しい金銭的な限界を乗り越えるため、非常勤で出張している老人病院へ智恵子を転院させます。彼女はそこで老人病院の惨状を目にします。たとえば、患者さん全員に、同じ薬を同じ量、毎日繰り返し点滴します。病状とは関係ありません。ちょうど、おむつ交換を定期的に行うのと同じことです。

このような処置をしていると、過剰な水分が入って肺水腫《はいすいしゅ》を起こしてしまうことがあると考えられます。肺が水浸しになるのです。この本のなかでは、溺死《できし》と呼んでいます。点滴の水に溺《おぼ》れて亡くなる患者さんが、毎月決まったように出てくるのです。

念のために申しますが、これは随分昔の病院の状況を下地にした、あくまでフィクションです。現在では考えられないことです。小説に登場する老人病院の院長は、この惨状を承知しており、こうして亡くなる患者さんの冥福を祈ってのことでしょう、毎日人知れず、写経にいそしんでいるのです。

むごい状況です。声を発せず、動けず、排泄《はいせつ》の始末を自力でできない人間は、生きていく価値がないと割りきるのです。回復の見込みのない延命だけの治療はやるべきではない。これは一見、正しいように思われます。それなら、尊厳を保っている間に安楽死すべきだとも言えるでしょう。どんな生きざまでも、神様が命を与えてくださる間は生きねばならない、と考える人もいるでしょう。一方、現実の財政から考えると、回復の見込みのない患者さんが増えれば、介護離職のために労働人口が減り、国の財政が続かないことも明白です。

智恵子は、そんな老人たちの寝かされているベッドに交じって、入院を続けるのです。声も出さない相部屋の老人たちのなかで、ある日、一人の老女が「この病院は地獄です」とつぶやくのを聞きます。

意識の有無も怪しく正常な判断のできない、声をほとんど出すことのない寝たきりの老人だから、物を扱うように機械的な介護も許されるのか、私には分かりません。あまりにも多くの難しい問題が絡んでいるからです。

正論はいくらでも言えます。しかし、実際に継続していく生活のなかで、その理想が貫けないことも明らかです。院長が、祈りの世界に入って耐えようとしたことも理解できます。

最近、「患者選択の医療」という考え方が、国から提案されています。たとえば、国が認可していない抗がん剤を、どうしても使ってほしいと患者さんが望むのであれば、高額の薬代は自己負担で、それ以外の費用は保険を適用しようというやり方です。望む治療を受けやすくする点で良いことですが、高額な医療費を支払えない人にとっては、ひどい差別と映ります。

世の中に経済格差があるのは当たり前のことだと考えれば、納得できるかもしれません。しかし戦後の日本は、少なくとも医療の面では平等という考えが定着してきたと思います。高齢者にも、この原則が当てはまるかどうか。人の命は地球より重いとされた価値観が、超高齢化の進む現代、大きく変化しつつあるように思われます。

「自殺の原因はうつ病」は本当か

二〇一五年から、法律で職場健診に新しい項目が追加されました。メンタルストレスチェックです。仕事上や職場の人間関係などでストレスを感じる人はたくさんおられるでしょう。その精神的なストレスの度合いをアンケート調査して、働きやすい職場に改善しようというのが目的です。

特に「九八年問題」の一つとして取り上げられたように、一九九八年から自殺者数が年間三万人を超え続け、二〇一二年、やっと二万人台に減ってきました。原因として、景気の良し悪しが大きく関係していると思いますが、うつ病などの精神的障害が関わっているともいわれています。このような背景から、今回の法律ができたと考えられます。

ところで、「自殺はうつ病のせいだと決めつけてはいけない」と警告している精神科医がいます。野田正彰《のだまさあき》先生は、著書『うつに非《あら》ず——うつ病の真実と精神医療の罪』（講談社）で、うつ病が一般医でも簡単に診断でき、手軽に治療薬が使える現代の風潮を憂えています。

バブル崩壊後の一九九八年に自殺が急増して以後、多くの人たちの努力によって、二〇〇六年に自殺対策基本法が施行されました。毎年百億から二百億円の予算がつき、これまでに一千億円余りの資金が投じられました。

しかし、この対策は「自殺はうつ病、精神科を受診」という誤った思い込みで進められ、自殺者の数は三万人のままの状態が続きました。そのうえ、自殺予防のためのうつ病キャンペーンが始まると、かえって自殺者が増えてしまったという、信じがたい事実を紹介しています。

静岡県富士市の富士モデルでは、「パパ、ちゃんと寝てる？」という呼びかけで、ポスターやリーフレットなどを作って大々的に広報しました。不眠の原因がうつかもしれないという刷り込みとなり、うつ病を疑って精神科受診を促す流れになっています。キャンペーンの翌年、自殺者数は一・三七倍に増えました。大津市でも、同じようなやり方でキャンペーンをしたところ、翌年の自殺者数は増加したのです。

反対に、自殺を減らすのに成功した事例も紹介しています。

もともと日本では、高齢者の自殺率は一貫して高く、この傾向は都市部より農山村で際立っていました。新潟県松之山町《まつのやままち》（現十日町市《とおかまちし》）では、六十五歳以上の自殺率が、一九八四年には三百八十二（人口十万人当たり）と、全国平均の八倍にもなっていました。

この町に、のちに新潟大学医学部教授になった後藤雅博《ごとうまさひろ》氏らのグループが調査に入りました。当時、自殺の多い理由として、若者たちが農村を出ていき、残された高齢者が生きがいを失って孤独自殺をすると思われていました。ところが、独居世帯には一人も自殺者はなく、二、三世代が一緒に暮らす家族に多いことが分かってきたのです。病気で倒れた高齢者などが、若い人たちに迷惑をかけたくないと、思い余って自殺していたのです。

そこで研究グループは、「文化」を変えようと考えました。働けないのだったら死んだほうがまし、という山村の価値観を変えるために、集落全体に働きかけました。老人クラブを作って、食事会やカラオケやバス旅行などを企画し、楽しく生きる文化に変えようと努力したのです。

その結果、自殺者は急激に減りました。十七年の間にピーク時の四分の一にまで減少させることができたのです。自殺はうつ病、という思い込みを持たずに、原因を詳しく調べて対策に当たったった成果です。


日本は世界有数の自殺大国です。戦後、自殺者の増加した時期が三度ありました。三度目の今回の特徴は、中高年の自殺が多かったことです。

この本のなかで、典型的な事例が挙げられています。

Aさんは八〇年代に高校を卒業し、地元で製造業の会社に就職しました。大手企業の下請けで、この地方では急速に発展する製造業で若者は引く手あまたでした。やがて結婚し、しばらくアパート住まいをして住宅ローンでマイホームを購入しました。月々の返済額は家賃程度、ボーナス月に十五万円支払えばよいという話でした。経済が右肩上がりの時代で、収入は年齢とともに増えると信じられていました。

五年後に不況が始まり、残業がなくなり、同時並行でボーナスも減りました。軽い気持ちでサラ金から借り入れを始め、次第に残金が増えていって多重債務者となり、返済に日々追われる暮らしのなかで精神的に混乱してしまったのです。不況は進み、リストラで会社を早期退職。収入は安定せず、住宅ローンと借金を抱えて、ついに離婚。Aさんは家を出てアパートへ移り、一人暮らしとなり、その数カ月後に自殺しました。

ここで著者は、日本の一つの悪風を指摘します。住宅ローンを組む際には、団体信用生命保険に入らねばならないことです。死亡時には住宅ローン残高が帳消しとなり、残された妻子に家と土地が残されるという仕組みです。男は死して、妻子にせめてもの家と土地を残す。いわば、徹頭徹尾、日本男子らしい生き方であり、死に方である。これが九八年問題だと、著者は言うのです。つまり、サラ金から銀行まで含めた日本の経済の仕組みや、家族を含めた社会の仕組みが、わが国の中高年男性自殺の背景にあることを指摘しています。

では、うつ病との関係はどうでしょう。まず、うつ病は女性に多い病気だと国際的にもいわれていますが、自殺者は男性に多い。特に四十代、五十代の自殺者は、圧倒的に男性が占めています。もし自殺の原因がうつ病ならば、女性も多いはずです。この事実を専門家もマスコミも知っているのに、無視しているのです。つまり、九八年問題の実像は「カネと自殺」であると、著者は断言しています。

その証拠として、二〇一二年に自殺者が初めて三万人を割った理由を分析しています。世代別に見ると、数年前から五十代、六十代の自殺率が減っています。その代わりに二十代、三十代の若人たちの自殺が増えています。中高年の自殺が減ったのは、借金を減らす法律改正、いわゆる過払い請求を可能にする法改正が、自殺を防ぐのに効果があったのだと推測しています。

また、若い世代の自殺率が増加した原因を表すものとして、全国自死遺族連絡会が調査した分析結果を示しています。二十代から四十代に限ると、亡くなった人の七四パーセントが精神科で治療中でした。抗うつ剤や睡眠剤などの向精神薬を多数服用しており、薬物中毒による衝動的自殺の可能性も否定できないのです。

生活苦で悩んでいる人に、うつ病が重なれば、自殺の可能性が大きくなることは確かでしょう。しかし著者は、自殺問題を単純にうつ病のせいにしてはならないと言います。自殺対策即うつ病対策、といった誤った先入観に警告を発し、もっと社会的な問題として広く深く考える必要があるとの指摘は、傾聴に値します。

「元の理」を学ぶ

二〇〇八年の法改正で、「憩の家」が国から公益財団法人の認可を得た際、海外医療活動の実績が、公益性の高い社会貢献として重く評価されたと聞きました。海外医療を始められたのは、二代院長の山本利雄《やまもととしお》先生です。先生は、信仰の理論と実践の道をわが身をもって切り開かれました。先生の著書に『人間創造』（天理教道友社）があります。われわれの信仰の根幹と言える「元の理」の教えを、現代科学の立場から詳しく解説したものです。

「元の理」とは文字通り、この世と人間の始まりを、おやさまが説かれたもので、それを聞いた高弟の方々が「こふき」（口記）として複数書き残されています。

明治前期の当時と比べて、現代の生命科学は飛躍的に進みました。山本先生は、こうした最新の知見に基づいて「元の理」への理解が深められねばならないと考え、あくまで生命科学の目で見た「こふき」を試みたのだと、著書のなかで繰り返し述べておられます。決して、現代科学で元初《もとはじ》まりの話の正当性を証明するつもりはない、と明言されています。

さて、私がこの書で特に注目するのは、初版が出された一九九〇年当時の生物科学の最新知見が、広範に正確に取り上げられていることです。

たとえば、進化に対する考え方に「共生の論理」を取り入れています。それまで進化論と言えば、突然変異、自然淘汰《とうた》、適者生存という原理が正しいものとされていました。つまり、何万年という想像を超える長い年月には、新たに生まれる生命に遺伝子の突然の変化が起こるはずだ。いくつもの違った遺伝子を持った者のうち、生きている環境に一番適合した者が、数を増やすはずである。〝生きるのに優れた者〟のみが、生き抜いて進化するという考え方です。

これに対して、ある生物と生物が一つに融合することで、それまでなかった能力を持つ新しい生物に進化する、という共生の論理が早くも取り上げられています。この新しい考え方を初めて知った私は、先生の積極果敢な姿勢に大いに触発されました。先生は著書の最後に、科学の進歩が続く限り、「元の理」の科学的解釈は永遠に改められ続けるだろうと述べておられます。

この書のおよそ十年後に出版された『生命40億年全史』（リチャード・フォーティ著、草思社）は、進歩の著しい古生物学の研究成果が裏づけとなっています。それによると、生命の始まりは特殊な細菌であったというのです。最初の細菌は超好熱性でした。地球が誕生して数億年の地球の表面は、溶岩のような熱い所でした。そこで生きる、そこだからこそ生きることのできる細菌たちが存在していたのです。数十億年前の地層にある、極めて微細なシリカの岩石から、この細菌たちの微化石が発見されました。

できたての地球には、酸素がありませんでした。ほとんど煮えたぎるような高温状態のなかで古細菌は生まれました。やがて、細菌は進化していき、光を利用して二酸化炭素から炭素を取り出すことのできる細胞が生まれてきました。この働きのなかで酸素が生産されることになり、地球の様子は変わっていきました。

その細菌たちは、深海部で十数億年の間に増え続け、地球の大気は酸素で満たされるようになっていきました。光の働きを利用して炭酸ガスから炭素を取り出し、同時に酸素を作り出す働きを〝光合成〟と言います。光合成のできる細菌が、それより大きい細胞に取り込まれて、次第に大きな生き物へと進化していきました。

ここに、山本利雄先生が紹介された、共生進化の考え方が持ち込まれています。これらの生物の続きに、私たちがあるというのです。原初の古細菌の一部は、この現代にも生きています。原始地球に似た環境のなかで生きています。ボーリングで掘った深い穴の底や、何百万年も埋もれたままの岩石のなかにいるのだそうです。これまで述べた進化の道筋を示す、明白な証拠となっているのです。

私は「元の理」で、疑問に思うことがいくつかあります。くにとこたちのみこと様は、天にては月、身の内にては眼《め》うるおいとされます。をもたりのみこと様は、天にては日、身の内ではぬくみの働きとあります。

この世の天地の役割を考えるとき、みかぐらうたの「ぢいとてんとをかたどりてふうふをこしらへきたるでな」というお歌が思い浮かびます。月様は天であり、日様は地であるとも悟れます。天地抱き合わせの懐住まいのなかに、私たちは生きています。生物は、太陽の熱で生かされています。同時に、地球の熱もまた生命の源になっています。なぜ、をもたり様が、太陽と大地を兼ねて象徴されているのか、これが私のかねてからの疑問でした。

この疑問に、最近の古生物科学の知識が答えを与えてくれました。地球上の生き物の始まりは、生まれたばかりの地球が内部から発する熱によるものだったということです。むしろ、太陽光が発する紫外線は、オゾン層のない原初では生命にとって危険なものだったのです。その後、太陽の光を利用する光合成生物が誕生し、そして地球上が酸素で満たされ、オゾン層もでき、私たち人間が生きることのできる世界になったのです。

考えてみれば、ぬくみという働きから見ると、太陽光も地熱も同様の意味があるのだと、あらためて納得しました。

もう一つの疑問、それはドジョウです。山本先生は、ドジョウについて詳しくは触れておられません。命を与えていただく核心、魂と呼ぶべきものなのか。そうであるとすれば、目で見、触って分かる実体のある生き物とは言えません。しかし、「元の理」では、原初の泥海のなかにドジョウがたくさんいたと説かれています。だとすれば、命を授かる受け手というのではなく、まさにそこに生きていた生命のかたまりとしての存在が、ドジョウだと考えられます。原初の生き物は数えきれないたくさんの超好熱性細菌たちだったという古生物学の主張には、大変興味深いものがあります。

現在の生物とかけ離れた生き物の存在を、誰が想像できたでしょうか。酸素ではなく、炭酸ガスで生きることができ、超高熱の熱湯のなかでなければ生きることのできない生命。それこそが最初の生物で、この力によって地球表面に酸素が作られ、オゾン層ができ、いまの地球環境になってきたというのです。

事の真偽を問うているのではありません。驚くほどの深くて広い見通しのなかで説かれた話であるなあと、あらためて思います。山本先生が書いておられるように、科学がますます進歩して、それとともに私たちの「元の理」への見方が一層深められることを期待しています。

Ⅲ

おやさまの手のように

おやさまの手のように

教祖《おやさま》百年祭の際、私たち医療ようぼくは、帰参される方々の救護係を務めさせていただきました。そのとき作成した「救護の手引き」に、私は「おやさまの手」という巻頭文を書きました。「おやさまの手を思い浮かべて、優しい思いやりのある手当てを目指そう」という意味で、このような題名をつけたのです。

あるとき、本田さんというベテラン看護師から、子供の鼻血を止める方法を教えていただきました。綿をしっかり詰めるのが一般的ですが、子供の場合、鼻の根っこを手でつまむと鼻血が止まるのです。綿を詰めるより、患者さんの横に座って優しく鼻をつまんであげるのは、心のこもった治療なのだと勉強になりました。

おやさまの教えは、理屈を超えた親心にあふれています。何でもかでもたすけたいという、やむにやまれぬ親心から出る真実を、私たちにも大切にするよう教えられています。医療に携わる者も、おやさまのお心を原点に判断していけば、患者さんの心に寄り添った医療ができるのではないか。この思いを胸に、私は診療に当たるよう心がけています。

人間は、ほこりの多い弱いもの

現代のように医学が目覚ましく進歩しても、残念ながら治せない病気はたくさんあります。たとえば糖尿病です。日本のトップクラスの医学者で日本学術会議会長も務められた黒川《くろかわ》清《きよし》氏は、ある会議で「糖尿病の患者さんを治したと思ったことはありますか？」と質問されて、「ありません」と答えたそうです。その真意は、「糖尿病は他人である医者には治せない。けれども、うまく治療すれば生きていくには邪魔にならない」ということです。つまり、本当に治そうと思うなら、患者さん自身がその気になって、生活の仕方、生き方を変える心を定めて、実行しなければばならないのです。

東京女子医科大学名誉教授の太田和夫《おおたかずお》氏が、糖尿病と生活について記した新聞コラムによると、人工透析《とうせき》を受ける人は毎年一万人ずつ増えていて、その半数近くが糖尿病から来る尿毒症《にょうどくしょう》によるものだといいます。平成十七年現在、この治療を受けている人は全国で二十三万人を超え、年間一兆円以上の費用がかけられています。このままでは、国の財政にも影響する重大な問題になると危惧《きぐ》されています。

なぜ、この二、三十年の間に糖尿病がこんなに増えたのか。コラムでは、まず飽食を理由に挙げています。さらに、電化生活の普及で夜更かしをするようになり、夜遅く食べてすぐに寝るようになったこと。外食の利用が増え、カロリーが高く味の濃い食べ物に慣れてしまったこと。自動販売機の飲料に慣れた子供が、より甘い味を好むようになったこと。さらに、移動にエレベーターや自動車を利用し、歩く機会が減ったことなど、最近の便利で豊かな生活が、一方で、糖尿病の増加の原因として人々を苦しめていることを指摘しています。そして、糖尿病を減らすには、本気で自分の生き方を再検討する必要があると強調しています。そのためにも、子供のうちから我慢を教えなければならないとも記されていました。

この意見に私も賛成です。最も大切なのは、生き方、つまり心の問題です。

糖尿病になる手前の病気として知られるものに、メタボリックシンドロームがあります。メタボリックとは食べ物を消化して身体《からだ》のエネルギーにすること、シンドロームとは病気の症状を意味する言葉で、合わせて「食べることで起こる病気」というような意味になります。具体的には、「血糖値が正常より高く糖尿病になる手前の状態」「高血圧」「血液中のコレステロールや中性脂肪の値が高い状態（脂質異常症）」「肥満」などは、糖尿病の発症や、心臓や血管の病気につながりやすく、こうした生活習慣病の前段階を包括して、メタボリックシンドロームと言うのです。あるいは「死の四重奏」「内臓脂肪症候群」などと、呼ばれています。

最近になって、これらの根本原因が肥満にあると考えられるようになってきました。人はもともと飢えに強くなるように進化してきました。それがここ百年、特にこの五十年で、食べることに困らなくなったばかりか、飽食の時代になりました。その結果、飢えに強い身体が、途方もない贅沢《ぜいたく》と肥満に面食らうことになったのです。

第二次世界大戦後、日本人の食事は、カロリーの量も食べ物の種類も豊富で満ち足りたものになりました。たとえば、卵の消費量は、昭和初期には国民一人当たり年に二、三十個だったのが、昭和四十五年には二百七十個以上になり、アメリカと同じか、それを超えるほどになりました。こうした変化に伴い、食事全体のカロリーも増えました。なかでも脂肪の摂取量は飛躍的に増え、戦前の三倍になりました。

肥満の程度を判断する方法として、ＢＭＩという計算方式が用いられています。その計算は、体重の値を身長の値で二回割るというものです。たとえば、体重が六〇キロ、身長が一メートル六〇センチの人の場合は、六〇を一・六で割り、もう一度、一・六で割る。そうすると二二・四になります。日本人の場合、このようにして計算した数字が二二の人は、長生きする確率が一番高いことが分かっています。そして、三〇以上の人を肥満症と呼ぶことにしたのです。

日本人とアメリカ人の総人口に対する肥満の人の割合を、この基準で見てみると、日本人では約三パーセント、アメリカ人では約三〇パーセントになります。もう少し基準を下げて二五にすると、アメリカでは実に成人の六割に上ります。したがって、アメリカで肥満症は〝国民病〟とまでいわれ、深刻に捉《とら》えられています。

肥満には、内臓脂肪型肥満と皮下脂肪型肥満の二つのタイプがあります。腸の周りに付く内臓脂肪が増えるタイプの肥満は、動脈硬化を引き起こすことが分かってきました。脂肪細胞は、脂肪を蓄積するだけでなく、いろいろな物質を出しています。このなかに、動脈硬化を悪化させる有害な物質がたくさんあります。特に内臓脂肪は、こうした物質を多く出すのです。

肥満を解消するには、大変な努力が必要です。言葉にするのは簡単ですが、実際に減量しようとしても非常に難しいものです。以前、担当した患者さんに相撲取りになろうとした青年がいました。カロリー制限を相当厳しく指導して、一三〇キロから一〇〇キロ少々まで体重を減らすことができました。しかし、それ以上の減量は全くできませんでした。

結局、本当に痩《や》せようと思えば、患者さん自身の心の持ち方を変える必要があるのです。食欲は一種の欲です。しかも、最も切り捨てることが困難な欲望です。詰まるところ、糖尿病も肥満も高血圧も、心の問題に行き着きます。「体に悪いと分かっていても食べたい」というのは、「ほしい」のほこりです。「病の元は心から」という教えが、素直に納得できます。

優しさと厳しさと

人は元来、こうした心のほこりをたくさん持っています。そういう意味で、人は弱いものであり、欠点だらけと言えます。しかし、心の自由から生まれてくる八つのほこり、心の弱さ・悲しさがあるからこそ人間なのであり、それゆえ、人間には神様が必要なのだと思います。

このよふを初た神の事ならば
せかい一れつみなわがこなり　（四 62）
いちれつのこともがかハいそれゆへに
いろ〳〵心つくしきるなり　（四 63）
月日よりたん〳〵心つくしきり
そのゆへなるのにんけんである　（六 88）
どのよふなものも一れつハかこなり
月日の心しんばいをみよ　（六 119）

訪問診療をしていると、家族ぐるみの付き合いになりますから、その家族のなかが見えてきます。ある家では、息子さんが心配のあまり、お母さんにいろいろと説教していました。

「庭に出るときは、気をつけて転ばないように。転んだら骨折するかもしれない。曲がった腰を痛めると大変だ」

「食事は喉《のど》を通りやすいお粥《かゆ》にするように」

確かに、腰の曲がったお年寄りは、横で見ていてもひやひやします。ましてや、肉親にとってはなおさらでしょう。それにしても、口うるさい息子さんでした。

そんなある日、お母さんがトイレの途中で腰をひねってしまい、腰痛で動けなくなりました。ぎっくり腰のような状態です。ところが息子さんは、そうなった直後も、「じっとしていては寝たきりになる。痛くても頑張って少しずつでも動くように」と言って聞きません。私は往診をして、「とにかく、いまは安静が必要です」と精いっぱい説明し、ようやく納得してもらいました。

一週間くらい安静にして痛みが軽くなってきたので、今度は「少しずつ歩いてトイレにも行ってください」と言いました。

すると、息子さんは早速、トイレまでの通り道に椅子《いす》を並べて、しっかり手すりを作られました。口ではきついことを言いながら、本音は母思いで優しい方だと、うれしく思いました。

このような、子供が親を思う気持ち、親が子供を思う優しさは、人間なら誰にでもあるものです。親神様が人間を思う気持ちも、これと同じと仰せられます。

にんけんのハがこのいけんをもてみよ
はらのたつのもかハいゆへから　（五　23）

にんけんのわが子をもうもをなぢ事
こわきあふなきみちをあんぢる　（七　9）

おやさまは、お手作りの手芸品を残しておられます。「まねき猫」や「はごろもの羽根」など、女性らしい細やかなお心が、ほのぼのと感じられる品々です。

その一方で、男に負けないほど田畑の世話をされています。また、大きな男の手をねじ上げたといった話も『稿本天理教教祖伝逸話篇』には記されています。

一方で優しい手であり、一方で力強い厳しい手であらせられたのだと思います。おやさまの教えも、一方で優しく、一方で厳しいお話です。その根本は、私たちの親だということです。どのように厳しい話をされても、その奥底には、子供可愛《かわい》い親心が流れているのです。

おやさまの教えに絶望はない

私は、おやさまの教えは、自分にとってなくてはならないものだと思っています。

私が子供のころ、現在の『天理教教典』が公刊されました。そのころ、おつとめの後に、みんなで順番に教典を読んでいました。小さい私にも読む役が回ってきて、得意になって読んだ覚えがあります。子供心に、天理教の教えは良い教えであると思いました。人間を創《つく》った神様だから、人間をたすけることができるという理屈は、子供にも理解できました。

その後、高校のころに深谷《ふかや》忠政《ただまさ》先生の著書『元の理』に出合いました。私は感激しました。こんなに理屈の通った宗教を私の家は信仰しているのかと、感銘を受けたのです。

しかし、私が天理教の教えがなくてはならないと思うのは、このような理屈の世界ではありません。むしろ、理屈を飛び越えた情の世界です。私にもいくつかの節がありました。大学受験のとき、大学卒業のとき、「憩《いこい》の家」をいったん辞めるとき、アメリカに留学をしてピンチに見舞われたとき。私は「なむ天理王命」と、ひたすら祈りました。祈るしかなかったのです。そして、神様はそのたびに応えてくださいました。

天理というのは、いわば神様の法律のようなものです。世界、宇宙の働きを決めている法則のようなものです。この世は「神のからだ」と仰せられます。この世のすべては神様の意思、神様の思いで貫かれています。そして、神様は私たちの親です。いろいろ心を尽くしきって、神様がお創りになられた私たちです。

この厳然とした法律のような神様のご意思には、その根底に私たち子供を慈しむ親心があります。だからこそ、たとえ出直すような定めでも、願う人の誠の心を神様が受け取ってくだされば、生きさせていただけるのです。それもまた、神様のご意思であり、この世の法則なのです。

言い換えると、私たちお道を信仰している者には、絶望がないということです。絶望ほど、つらいものはありません。

最近「キレる」ことによる事件が、たびたび起こっています。子供がキレて人を殺す。このとき、その子の心は、生きていても仕方がないという絶望が支配しているのだそうです。たとえば、「おまえなんか、生まれてこなければよかった」と親に言われたとしたら、これは地獄のような状況です。「私なんか、生まれなければよかった」。これほど悲しい絶望的な感情はないと思います。そういう絶望的な思いが、想像もできないような残酷な殺人へ向かわせるのだと、ある専門家は話していました。

絶望ほど、苦しい、悲しい、痛ましい思いはありません。ところが、おやさまの教えには、この絶望がないのです。生き死にさえも心次第やと、おっしゃっています。さらに、死んでしまっても、そこに絶望はない。人間の魂は、生まれ替わり出替わりすると教えられています。新しい人生が先にあるのです。

さらに、「人は生きながらにして生まれ変わる」と「諭達第一号」には説かれています。こうなると、絶望のしようがありません。

私は、親心あふれる天理の世界を説いているお道の教理に、本当に生きる力を感じるのです。

おやさまの手には、「いかほどのごふてきあらばだしてみよ　神のほふにもばいのちからを」（三　84）とおっしゃる神様の強さと厳しさがあります。また、赤ちゃんを抱き上げて乳を含ませる、母親の優しさもあります。この二つ一つが、お道の信仰に必要であると、私は思うのです。

出直し——人は生きたように死ぬ

人は誰しも、死を前にして悩み苦しみます。医療に携わっていると、一般の人より死に接する機会が多いのは確かです。しかし、医師だからといって特別な出直し方があるわけではありません。特別な生き方もありません。人はどのように病み、どのように死んでいくのか。一般的な原則はありませんが、私の少ない経験から言えるのは、「人は生きたようにしか死ねない」ということです。

死ねないというのは不正確です。人は死を前にして、これまでのようにしか生きることができない。「あの人の死は立派だった」などと言いますが、これは死が立派なのではなく、死の直前までの生き方が立派だったということです。

心に残る恩師の出直し

最も心に残っている出直しは、私の恩人とも言うべき方の死です。

この方は、長らく高血圧、狭心症《きょうしんしょう》などの持病と付き合いながら、とても真面目《まじめ》に治療を続けておられました。学生時代に一度、薬箱のなかの整理を手伝ったことがあります。十種類くらいの薬を、毎日飲む分ずつ小分けして整理されていました。

晩年の数年は、私が主治医を務めました。高齢になり、次第に腎臓の働きが低下して、ついには腎不全になりました。通常このような場合、人工透析の対象になります。しかし、高齢であることに加えて合併症があることから、簡単には「適応あり」と言いきることができませんでした。そこで、このまま行けばどういう結末になるかを私なりに説明し、透析を受けるかどうかを尋ねました。この方は「ほどほどのところで手を打ってください」とおっしゃって、透析は希望されませんでした。

臨終の間際には、呼吸困難、胸痛などの発作《ほっさ》を起こすようになり、尿量が目に見えて減少していきました。腎不全の最後の状態に、心不全の症状が加わったものと思われました。この場合、尿が出ないと身体に水分が溜《た》まって、ついには肺にあふれ、肺水腫《はいすいしゅ》という状態になります。こうなると、体を横にして寝ていられず、座っていても呼吸困難の症状が出てきます。

この方も、上半身を起こした状態で、最後の二日間を奥さまと二人で静かに過ごされました。奥さまは、ほとんど寝ずに付き添われました。苦しみで大きな声を出されることもなく、本当に静かなので、心配になって夜中に病室へ行ってみると、薄明かりのなか、奥さまがベッドの脇に座って、ご主人の体をさすっておられました。二人とも無言でしたが、その姿は、これまでの思い出を語り合っているかのように見えました。病室を出ると、涙がこぼれました。

この方の最期の様子からは、達観とともにある意味での充足感、そして残す人への思いやりと優しさを感じました。あの病室の光景は、おそらく一生忘れないと思います。

患者にとっての死、家族にとっての死

私が開業して在宅診療を始めてから、十五年ほどの間に三十八人の方が出直されました。高齢の方がほとんどです。最高齢が九十三歳、最小年齢が五十九歳で、男性十九人、女性十九人。死因は、がん十人、肺炎九人、脳梗塞《のうこうそく》八人、心不全三人、腎不全一人、それに急死が意外と多く七人でした。

日本人の死因は、平成二十二年には、一位ががんで全体の約三分の一、二位が心臓病で約六分の一、三位が脳血管疾患で約十分の一、四位が肺炎で同じく約十分の一となっています。しかし、これは全年齢で見た場合で、八十歳代だけに限ると、直接の死因の半分以上が肺炎だといわれています。急死のなかには誤嚥《ごえん》、つまり誤って気管に水などを吸い込むことによる一種の肺炎が含まれています。

私が看取《みと》った在宅患者さんのなかで、比較的若い方の例をお話ししましょう。

腎臓にできたがんが腰の骨に転移して痛みが激しい状態で退院され、自宅療養を

続けている六十代の男性がおられました。一カ月余りの後、肝臓を中心に腹部に腫瘤《しゅりゅう》が盛り上がり、腹水《ふくすい》や全身の浮腫《ふしゅ》が出現し、ついには水を飲むこともできなくなり、点滴も十分にできず、最後は衰弱して亡くなられました。

この方は、奥さんと子供五人の七人家族で、上の二人の息子さんは結婚しているようでした。普段は奥さんが一人で看病に当たっていましたが、亡くなられる前には子供たち全員が駆けつけました。

最後は意識が薄れ、痛みを感じていない様子で、医師の常識からすれば、骨に転移して苦しみが長く続いたにもかかわらず、穏やかに亡くなられることは不幸中の幸いかに思えました。しかし、残される子供たちは、父親が息を引き取る直前まで声をかけ続けました。

次第に無呼吸の間隔が長くなっていくのですが、息が止まりかけると、全員で「お父さん！」と大声を出して呼びかけるのです。その必死さは、私の心のなかに響きました。

がんという不治の病であることは何度も説明を聞いて分かっていても、目の前で愛する肉親が息を引き取ろうとするとき、少しでも長く生きていてほしいという思いが湧《わ》き上がってくるのでしょう。

患者さん自身からすれば、苦痛だけが続く闘病生活は、一日も早く終わってほしいものかもしれません。しかし肉親は、たとえ一秒でも長く生きていてほしいと願うものだと思います。死にゆく者からすれば、無意味とも思える最後の数日であったとしても、遺される者にすれば、何物にも代えがたい貴重な数日なのだと痛感しました。

死は思い通りにならない

高齢の方で、パーキンソン症候群を患っている患者さんがおられました。パーキンソン症候群は、手足の協調運動をコントロールするのに重要な大脳の中心部に、ドーパミンという神経伝達物質が不足して起こる病気です。症状としては、動作が鈍くなり、表情が乏しくなります。次第に動きがなくなって、ついには食べ物を飲み込むのが難しくなり、誤嚥性肺炎を何度も起こして死に至ることが多いのです。認知症を伴うこともあります。

この方は、物事は比較的理解できましたが、言葉がうまく出ず、自発的な会話がなくなっていました。ついには自分で歩いてトイレに行けなくなり、老齢の奥さんにはとても介助できないことと、家人はみな働いていて、すぐには介護できないことから、施設に入る話が持ち上がりました。とにかく、いったん入院させてもらって様子を見ることになりました。

しばらくして見舞いに行ってみると、まったく認知症のような状態になっていました。入院することで、かえって症状が進んだようでした。家族が集まって話し合い、退院させて家に引き取り、みんなで面倒を見ようということになりました。

退院後一週間、その方は、奥さんの手料理を食べ、風呂にも入り、息子夫婦とも団欒《だんらん》して会話が通じ合うようになるなど、比較的元気になりました。そして、子供たちが、今後は当番で介護しよう、そのために必要な介護用品を買いそろえようと話し合っていたその翌日、奥さんの作った昼ご飯をおいしそうに食べ、奥さんがお茶か何かを台所に取りに行っている間に、座ったまま眠るように亡くなられたのです。

私はすぐその場に呼ばれましたが、本当に眠っているような安らかさでした。食べ物を吐いた様子もなく、苦しくて、もがいた形跡もありませんでした。人の死は、周囲が先案じをしてあれこれ考え、自分たちの都合で小細工してみても、結局は思い通りにならないということを、強く感じさせられました。

このように、在宅患者さんで急死が比較的多いのは、ある意味で救いになっているると言えるかもしれません。いわゆる、ポックリ病的な死です。

死にゆく者の苦しみ

これとは反対のよくある例として、ある高名なお医者さんの死についてご紹介しましょう。今日の臨床中心の医療教育の基礎を築いたウイリアム・オスラーという人物です。

ウイリアム・オスラーは一八四九年、米国のプロテスタント牧師の、九人兄弟の八番目の子として生まれました。一八八四年、フィラデルフィアのペンシルベニア大学医学部教授に就任し、臨床での新しい医学教育の方法を考案しました。そして、当時最も優れていると考えられていたドイツ流の講義中心の教育から、今日主流となっている臨床教育中心のアメリカ流教育への改革を推し進めました。その後、ジョンズ・ホプキンス大学を経て、オックスフォード大学教授となりました。その講演集『平静の心』は、医師の間では非常に有名です。

また、オスラーは一九〇四年、ハーバード大学の記念講演で、「人間の不滅」についで講演しました。その内容は、オスラーは約五百人の「死のあり方および死にゆくときの感覚にとりわけ焦点を絞って調査した」臨床記録を持っており、そのなかで痛みや苦しさが顕著なのは、わずか九十例であり、五百人の「多くは、少しも痛みや苦しみを訴えなかった。誕生したときと同じように、彼らの死は眠りであり、忘却である」というものでした。この講演は、のちにたびたび引用されることになります。

しかし、オスラー自身の最期の安らかさは、大きな苦しみを経て到達したものでした。『人間らしい死にかた――人生の最終章を考える（原題＝How We DIE）』（シャーウィン・B・ヌーランド著、河出書房新社）という本に、その様子が記されています。

（オスラーは）最後の二カ月は寝たきりで、風邪が原因と思われる徴候にはじまって、次に流感に、そして肺炎にかかったのである。そして、高熱や抑えきれない咳《せき》の苦しい発作をけなげにもしのんでいたが、妻や心配してくれる友人たちに、自分の楽天主義の健在ぶりを見せて安心させてやれないことがときどきあった。病気が進んでから、オスラーは以前の秘書にこう書いている。「急性胸膜炎が起こった。刺すような痛みがして、それからひどいことになった。

咳で苦しむし、息がつまった。ところが、翌朝の十一時ごろに襲った発作のすごさときたら。胸膜にくっついているものすべてが引きはがされたんだ。――すぐれた医師たちが私に試さなかったものは一つもないが、咳を抑えることができたのは麻酔剤だけ――鎮静剤の薬瓶からたっぷり飲むか、モルヒネの皮下注射だ」

〈中略〉胸部にたまった膿《うみ》を排出するために二回も全身麻酔で切開手術を受けたが、それで楽になったのもつかのまだった。あまりの苦しさに、オスラーは「意識もなく、わずらいもない」死を願うようになった。

実際、死には、このように肉体的苦痛を伴うのが一般的です。職業や人格の立派さに関係なく苦しいものなのです。

肉体的苦痛だけではありません。時には精神的苦痛のほうが勝ることもあります。まず、寂しさです。一人逝《ゆ》く寂しさ。永遠に別れなければならない寂しさ。最期まで和解できない寂しさ。人生が中途半端であったと、後悔が山のように迫る寂しさ——。あとに残す者への心残りもあります。責任感半分、死後の対処についての疑い半分かもしれません。

こうした苦しさ、寂しさに耐えて、最期をどう迎えるか。これは各人各様です。冒頭でも述べたように、その人の生きざまや価値観が、そのまま素直に出るように思います。

生きたように最期を迎える

痴呆《ちほう》は全くなく体力もあるが、膝《ひざ》関節が不自由で歩くのが難しい。そして、狭心症があり、ちょっと動きすぎると心不全の発作が出るという、八十代の女性がいました。

この女性は、いつも髪の毛を染め、こざっぱりした服装をしていました。一見して病人には見えません。八十歳を過ぎて療養中でしたが、心不全のないときには、ちょっと暇を見つけては、車で親戚《しんせき》のお見舞いに出かけたり、一時間ほどドライブして息子の家に行ったりします。家で過ごしているときは、最近のベストセラーや月刊誌のニュースを読んでいます。テレビの話題もよく知っています。要するに、すべてにおいて積極的なのです。

それは治療においても同様でした。心不全の悪化で緊急入院を繰り返し、一時は人工透析までするという、極めて積極的な治療を受けました。最期は人工呼吸器を付け、同時に三カ所くらいから点滴を受けて、やっと生命を維持しているような、すさまじい状態でした。

そのころは意識の薄れたときが一番安らかで、少し意識が戻るまで回復すると、かえって呼吸困難でひどく苦しみました。こうした非常につらい闘病の日々を経て、彼女は壮烈な死を遂げました。

私の価値観からすれば、大変な最期であったと思います。しかし、常に積極的に生きてきたこの方の人生観からすれば、ここまでして初めて納得のいく臨終となったのではないかとも思うのです。つまり、人はそれまで生きてきたように、最期を生きたいと願うのではないでしょうか。

「出直し」は救い

いくつかの死や生について述べました。最後に、私の死についての考えを記します。私自身、死を意識する年齢になってきました。死が好きなわけではありませんが、私は「出直し」という言葉が好きです。出直すという言葉には、「やり直す」という言葉に通じる優しさがあります。優しさというか、人間くささがあります。

自分の恥ずかしい過去を打ち明けますと、私は大学卒業を前にして、もう一年やり直そうと真剣に考えました。医学部の卒業試験は、卒業前に二、三カ月かけて主に口頭試験で行われます。この時期を前にして怖《お》じ気《け》づいた私は、大学生活の一年引き延ばしを図ったのです。

もちろん、大義名分はありました。中途半端な知識で卒業しても世の中の役に立たない。もっとしっかりと勉強して卒業し、留学して立派な医者になりたい、というものでした。そういうことなら、もっと真面目に専門の四年間を過ごせばよかったのですが、それができなかったから反省しているわけです。やり直そう。やり直せば、きっと、もっとしっかりするだろう。そんな理屈です。

もともと性格的に変に几帳面《きちょうめん》なところがあり、何か調べたいと思うと、本を拾い読みせずに初めから読みだして、結局肝心なところまで行き着かないうちに投げ出してしまう癖がありました。卒業試験にも、一千ページを超える英語の教科書を初めから読み始めて、試験勉強をするようなありさまでした。

これでは、いくら時間があっても間に合うはずはありません。そこで最後になると、「やり直したい」という願いが募ってきます。結局そのときには、一年留年するために卒業試験をボイコットして、自ら留年届けを出しました。学校の事務係から父に確認の電話があり、父は「青天の霹靂《へきれき》です」と答えたと、後日話していました。

幸い、何人かの友人が心配してくれて、卒業試験の内容を書いて送ってくれたり、家まで来て学校へ出てくるよう説得してくれたりして、二十足らずあった試験科目の半分くらい済んだときに、やっと試験を受けに大学へ出るようになりました。半分は追試を受け、合格点すれすれで卒業しました。

話がそれましたが、私がいかに、やり直しという言葉に親近感を持っているか、お分かりいただけたかと思います。

出直しという言葉にも、同じものを感じます。たとえば、大事なことを人に依頼するときに、言葉づかいのちょっとした間違いで相手を怒らせ、「出直してこい」と言われることがあります。もうだめだ、来るな、というのではありません。もう一度聞いてやるから出直しておいで、というのです。

おやさまは、人生の終わりを「出直し」と教えられました。優しい、人間味ある言葉です。妻に「もし、死んで生まれ替わるとしたら、男と女、どちらがいいか」

と尋ねると、即座に男という答えが返ってきました。もう一度女になって、私と一緒になりたいと言うかなという甘い期待は、あっさりと裏切られました。

いずれにしても、一つの人生が終わって、新しい人生を再び生きることができると考えるのは、元気なときの私たちには明るい話題です。楽しい夢のようなものです。出直して、やり直せる。希望に満ちた響きがあります。

しかし、死を前にしている人には、切実な問題です。もう一度生まれ替われる。親しい家族や友人のいる、住み慣れたこの世にまた戻れる。そう考えるだけで、死ぬ恐怖は和らぐのではないでしょうか。

私は、出直すのも神様のご守護だと、最近しみじみ思います。私の見送った患者さんのほとんどが、八十歳以上の人生をある程度全うされた方たちだからかもしれません。私の父も、妻の父も、安らかに死を迎えました。少なくとも、平静な出直しは、神様からの賜《たまわ》り物だと心から思います。私は永遠に生きたいとは思いません。

ほどよいところで新しく出直して、新しい人生を生きたいと思います。

私たちの診療所では、春秋の年二回、亡くなられた患者さんの慰霊祭を行っています。その際の祭文を最後に紹介します。

御霊様方《みたまさま》は、痛みや苦しみを抱えて、私たちの診療所に来られ、私たちの医療の知恵と、おたすけの志に大きな期待をかけられました。しかし、親神様の深い思惑から新しい人生を開くべく、心ならずもお出直しされることとなってしまいました。

皆様の生前中に賜りました数々のお教えを、こころの成人の糧《かて》に、また、これからの医療活動の拠《よ》り所にさせていただくことをお誓いし、本日ここに一手一つに、陽気におつとめを勤めさせていただきます。皆様が一日も早く生まれ替わられて、ご家族の皆様の新たな喜びの支えとなっていただけますよう、院長をはじめ、職員一同心を揃《そろ》えて親神天理王命様にお祈り申し上げさせていただきます。どうぞ、このおつとめの中に加わって、共に心楽しくご唱和いただき、これから後も心安らかに、私たちの医療活動をお見守りいただきますよう、お願い申し上げます。

心の飢えを満たすもの——若い人たちへのメッセージ

空腹飢餓

飢餓って何でしょう？　飢えるということです。何も食べるものがなく、腹が減って、力が出なくて、へたをすれば死んでしまう。そんなぎりぎりの状態を飢餓と言います。いまの日本には、そのような経験をした人はほとんどいないと思います。もちろん、私もありません。

いまから半世紀以上前、日本は世界を相手に戦争をしていました。アジアのあちこちで日本の兵隊さんたちは、鉄砲をかついで、戦闘にかけずり回っていました。負けてしまうと食べるものもなくなってしまいます。ゴキブリや、ネズミや、靴の底皮などを食べて命をつないだと聞きます。ついには食べる力もなくなり、動けなくなって、多くの兵隊さんが死んでいきました。

飢えるというのはどんなことなのか。たとえば週末の丸二日間、水かお茶だけ飲んで食事を抜いてみれば、いくらかは分かります。

私などは食事を取れないと思っただけで、朝ご飯を食べていても、昼前には死にそうなほどの空腹感と脱力感を覚えてしまいます。そして、何となくイライラして落ち着かなくなります。水だけは飲めますから、やたらと飲むせいか、トイレに何度も通うようになります。それでもなんとか二日くらいなら、食べずに我慢できるものです。

これが幾日も続くのです。きっと飢えるということは、私たちの想像をはるかに超えた苦しみなのでしょう。

現在でも、病気で衰弱する患者さんのなかに、一種の飢餓状態が見られます。胃や大腸のがんで食べ物が取れなくなると、水を飲む量まで減ってしまいます。それでもがんだけは大きくなって、患者さんはさらに弱っていきます。この間に、お腹《なか》に溜《た》まった腹水が患者さんの命を支えるために使われて、ふくらんでいた腹部が小さくなっていくことがあります。それまで患者さんを苦しめていた腹水が、命を延ばすのに利用されて減っていくのです。

それほど、命が終わるということは大変なことなのです。人に限らず命のあるものは、自分の意思にかかわらず、なんとか生き永らえようとするものです。最後の最後まで命を延ばそうと、身体のなかのすべての働きが一つの方向へ向かって動きます。

まして、病気でない人が戦争や災害で飢餓状態に置かれれば、泥水を飲んででも生きようとします。食べ物があふれているいまの時代には、ゴキブリを口にするなど、とても考えられないことでしょう。しかし、人は追いつめられれば、とんでもないことができるものです。これが人の悲しいところであり、強いところでもあります。この強さは、すべての生き物に、もともと備わっているものなのでしょう。生きたいという意思の強さは、すべての人たちが持っているものなのです。

私の父は、第二次世界大戦の終わりごろに中国へ働きに出かけ、母と兄も後を追い、その道中で私が生まれました。その後、日本は戦争に敗れ、父は中国軍に炊事夫として雇ってもらいました。そうでもしなければ、零下二〇度にもなる厳冬に、中国北部で家族四人が生きていけなかったのです。

あるとき父は、いつものように配給のスープを兄に持たせて、母のところへ帰しました。四歳の兄は、両手に食器を提《さ》げて坂道を上る途中、凍った泥の上にそれをこぼしてしまいました。泣いて戻った兄に、父はもう一度、同じだけのスープを持たせたのです。

これを見つけた料理係の上役が、父を裁判にかけると騒ぎました。戦争に負けたばかりの日本人が、それまで敵だった人たちに囲まれたのです。しかし、父の日ごろの働きぶりを見ていた中国人たちがかばってくれ、やっとのことで許してもらったと、父は昔を思い出しながら話してくれました。

栄養が足りない私が生きてこられたのは、こうした父の苦労のおかげでした。父は本当に強いなと思います。人は食べることができず命が危ないとなれば、こんなに強くなれるものかと感心します。

よく、死ぬ気で頑張れば何も怖くないと言います。その通りです。しかし、いまの私に、こんな苦労ができるとは思えません。父だから、やれたのかもしれません。

私たちは神様から命を与えられ、この世に生きていると教えられています。そう信じて生きているのです。与えられた命は大切にしなければなりません。何を大切と考えるかは、それぞれの心のなかにある物差しで決めるのです。

精いっぱい生きるということはとても大切だ、という物差しを、私たちは持っているはずです。なんとなく毎日食事をするのではなく、たまにはお腹が空《す》き過ぎた苦しさを体験して、元気で食べて生きることのできる喜びを味わってみるのもいいかもしれません。

おやさまは、食べ物はいっさい口にされず、味醂《みりん》だけ召し上がって過ごされることが時々あったといいます。身体が元気なときに、二、三日絶食して空腹感を体験するのは、ひながたをたどる苦労を味わうことに、多少はなるのではないかとも思います。

空脳飢餓

空脳という言葉は、もちろんありません。要するに脳が空っぽということです。脳が空っぽでも飢餓と思わない。そういう人もいるでしょう。しかし私たちは、知識や知恵を持っているから人間だと考えられています。せっかく地球上の生き物のなかで、体のわりには大きな脳みそを持っている私たちですから、脳のなかにしまっておく知識や知恵をたくさん持つに越したことはありません。空っぽだったとしたら、寂しい限りです。

禁断の木の実という言葉を耳にしたことがあると思います。それまでは純粋な気持ちで生きてきたのに、知ってしまったがために、疑いや欲望がフツフツと湧いてきて、邪悪な心になってしまう。そんな知識のことだと考えてください。

確かに、知識には、知らなければよかったと思うものが多くあります。たとえば、原爆を造る知識、拷問の知識、毒や麻薬の知識などがそうです。しかし、どんなにたくさんの有害な知識があっても、それを何倍も上回る有益な知識があることは間違いありません。

いまから数十年前、世界の賢人たちの集まりから重大な警告が出されました。このまま人類の数が増え続けると、近い将来、食糧危機が起こるというものです。

実際、一九六〇年から一九九〇年までの三十年間で、世界の人口は一・六倍に増えました。しかし幸いなことに、同じ期間で食糧の生産量は二倍以上になり、一人当たりの食糧の量はむしろ増えることになりました。これは「緑の革命」といわれる農業技術の進歩があったからです。たとえば、アジアでは品種改良の結果、ミラクルライスと呼ばれる収穫量の多い米が作られるようになりました。そのおかげで、私たちは食糧危機を乗りきることができたのです。

　このように、現在の世の中で私たちが生きていけるのは、何千年もかかって人類が築き上げてきた知識や知恵のおかげです。おやさまは、親神様が六千年をかけて人間に知恵を仕込まれたと教えてくださっています。親神様が私たち人間を創られたということ、また、おやさまが私たち人類の親であるという真実も、百八十年前に初めて知らされた知識でした。知識を記憶し、正しく理解して、誤りのない生き方をする知恵も、親神様が私たちに与えてくださった大切な恵みです。それが脳に納まっていなければ、大変悲しいことです。

頭に知識がないと、飢餓というほどの苦しさを私たちは感じるのでしょうか。感じる人も、感じない人もいるでしょう。

中山眞之亮《しんのすけ》・初代真柱《しんばしら》様の伝記に、こんな一節があります。初代真柱様がまだ十代のころ、おやさまに京都へ学問をしに行かせてほしいとお願いされました。おやさまは、「私も一緒に連れていくのなら、どこへ行ってもよろしい」とおっしゃったそうです。結局、初代真柱様は京都へ行くのを諦《あきら》め、お道の御用のために、おやさまのそばに留《とど》まられたのです。

この若い真柱様のお気持ちは、私にも分かるような気がします。若いときには好奇心や知識欲、未知のものへのチャレンジ精神がもりもり湧いてきます。それなのに知識の山から遠ざけられると、体のなかから湧き上がってくる衝動のようなものを抑えきれなくなって、空腹飢餓と同じような苦しさを感じるのだと思います。

大人は深く大きな人生経験から、一方的に偏りがちな若い感覚を抑え込んでしまうものです。私は息子から「なぜ、人は生きるのか」と聞かれたことがあります。

最初は、何をキザなことをと思いました。けれども、よく考えてみると、考えれば考えるほど正解が分かりません。息子より長く生きているのだから、一度ならず、このような問いを考えたことがあるはずです。それなのに、とっさに答えることができません。そのうち、「人さまのためになるように生きているのだ」と思いつきました。あまり自立した主体的な意見ではありません。エーイつまらん。そんなことを考えても飯は食えない。結局そのときは、私も大方の大人と同じ思考過程で済ませてしまったのです。

青春は、とにかく一生懸命に考え抜くエネルギーと時間を与えてくれます。乾いた砂に水をまくように、若い頭には素直にどんどん知識が吸収されていきます。人生経験という支えがない代わりに、フラフラとどこへでも飛んでいき、興味の向くままに知識を呑《の》み込んでいきます。これは若さの特権です。

このような青春のただ中にいる若者が頭を空っぽにしていては、飢えと渇きで苦しむのは当然です。ゲームやファッションなどで頭を麻痺《まひ》させようとしても、埋めきれない穴が頭のなかにぽっかり空いているはずです。欲しいものなら求めましょう。知識を知恵に変え、魅力のいっぱい詰まった若者になってください。

空心飢餓

心のこもった花束を、ありがとうと感謝して私たちは受け取ります。そこに込められた心は、単なる知識ではありません。知識だけがこもったプレゼントなら、百科事典でも贈るほうが気が利いています。

プレゼント選びにせよ、何にせよ、知識を働かせて考えるのは心です。そこに、うれしさや悲しさ、むなしさといった感情が加わり、魂と呼ばれる人間の奥深いところにつなげていく。それが心だと、私は思っています。

この心が空っぽになれば、恋や冒険、嫉妬《しっと》と復讐《ふくしゅう》といった、人間くさい小説の材料はすべてなくなってしまうことでしょう。

映画やドラマを見て、登場人物に共感して悲しんだり喜んだりする気持ちは、脳だけで感じているとは、私にはとても思えません。

しかし、脳ではない、心なのだと言ってみても、いまの科学では通用しないでしょう。「脳イコール心だ」と言う人たちは多くいます。そして、体のほかの部分と同じく脳も遺伝子でできている。だから、私たちの心も遺伝子のコントロールを受けている。肉体から自由な「こころ」と言っても、結局は遺伝子に支配されているのだ、などと説明されます。

難しい話は横に置いておきましょう。とにかく、心が空っぽならば、心を込めて人を愛することはできません。秋に枯れ葉が窓ガラスをたたいても、寂しさを感じることはないでしょう。雪に咲いた一輪の椿《つばき》の花に、愛《いと》おしい乙女《おとめ》の眼差《まなざ》しを感じることはないでしょう。言葉にならないその場の空気を感じるのは、心の働きだと思うのです。長年会えなかった兄弟が無言で手を握り合い、見つめ合って涙を流すのも、心の働きがあってこそでしょう。

おやさまは、門口に立つ物乞《ものご》いの女性を見て、彼女が連れていた赤ちゃんにご自分のお乳を飲ませられました。このような優しさは、どこからくるのでしょうか。心に優しさが詰まっているからです。火がついたように泣いている赤ちゃんが、乳を飲ませると、満足そうに安心した表情になる。子供の安らかな顔を見る喜びを、自分の喜びと感じる心があるからです。

心が空っぽなら、思いやりも優しさも何にもない。脳が命令する理屈だけの行動なら、愛や優しさとは無縁で、人の喜びを見てうれしくなることなど、あるはずないのです。

心の渇きを知っていますか。いくら物や金がたくさんあっても、いくら自分に力があっても、水のない砂漠のような心の渇き。人と人との優しさのコミュニケーションができない孤独のせいかもしれません。行き着くところの分からない将来への不安のせいかもしれません。やるべきことの定まらない、むなしさのためかもしれません。
頭を壁に何度打ちつけても、鉛筆の先でノートのページをいくら破いても、スースーと乾いた風が心のなかを吹き抜けるのを、どうすることもできません。後悔のない青春を俺にくれ。永遠に変わらない幸福が欲しい。何が真実で、どれが本当の愛なんだと叫ぶ。青春はまさに〝心の嵐の時代〟です。

空心飢餓とは心の渇きと言ってもいいでしょう。空心飢餓を感じることのできる人は、きっと幸せになれる。私はそう思います。

空腹になれば誰でも飢餓を感じます。脳が空っぽでも苦しさを感じる人はいるでしょう。しかし、心が空っぽでも全く苦痛を感じない人が、この世に大勢いるのです。そんな人たちは、心に空いた大きな穴にビフテキを詰め込み、キャビアを塗りつけ、ワインで水没させて満足します。当たらぬ天気予報の、当たらなかった解説のように、もっともらしい言葉を並べ立てて自分の人生を飾ります。

空心飢餓を知って苦しむ若者は、将来きっと、人々に幸福を与えることでしょう。壁に打ちつけた額の痛みで、友達の苦しみが分かるようになるでしょう。何も書けなかった破れたノートに、恋人の涙がにじみ出てくるのが見えるでしょう。

空腹と闘って生きようとした人たちは、たくさんいます。兵隊さんばかりではありません。しかし、愛する人のために自分の命を懸けることのできる人は、それほど多くはありません。ましてや、雲をつかむような話を聞いて、神様を信じることに一生をかけるなんて、とてもできそうにありません。

できないけれど、求めている人たちはいるのです。心の渇きにのたうち回って苦しみ、心を満たしてくれる何かを真剣に求めている人は確かにいます。苦しんだ揚げ句、心を潤してくれる恋人や友人と巡り会える幸せ、こんな幸せをつかむ人は間違いなくいます。たとえ、目の前に信じられる人がいなくても、自分の心を分かってくださる、永遠に間違いのないものだと信じることができる、こちらが心を尽くせば、それに必ず応えてくださる、そのような神様に出会えた人々がいるのです。

心の渇きが空腹飢餓と同じようなひどい苦痛だと感じる人には、きっと、信仰は大きな力となるはずです。

守られて生きる

ご守護はあまねく私たちのうえに

あるとき、中秋の名月を見るために奈良公園へ出かけました。あいにく小雨交じりのお天気で、月は雲に隠れて出てきませんでした。仕方なく、自宅のある天理に戻ると、そのころには雨がやんで、薄雲の向こうに見事な満月が現れました。

月はいつも変わることなく夜空を照らしていますが、雲がその月を隠します。おやさまは、月日親神と教えられました。昼は太陽の日様、をもたりのみこと様。夜は月様、くにとこたちのみこと様。私たちは親神様の恵みを頂いて毎日を生きています。しかし往々にして、自らの心のほこりによる雲でそれを遮《さえぎ》り、ご守護が心に届かないまま暮らしているものです。

私の妻は、東中央大教会初代会長・柏木庫治《かしわぎくらじ》先生の教話が好きで、あるとき、先生の講演の録音テープをたくさん買ってきました。そのなかに、「魚の値段」にまつわる話がありました。

たとえば、鯛《たい》を一匹買うとします。その価格は大まかに、魚を釣った漁師の労賃、それを買って市場へ運んだ仲買人の手数料、そして魚屋が店先で売る儲《もう》けの金額の合計で決まります。

大方の人は、この計算に何の疑問も感じないと思います。しかし、柏木先生は、このなかに魚自身の値段は入っていないと言うのです。なるほど、よく考えると、その通りです。

米を例に考えても同じです。種籾《もみ》の値段、稲が実るまでのお百姓さんの労賃、土地を借りている場合はその使用料、肥料代、米の問屋の手数料、そして米屋の儲けなどが加算されて、米の値段になります。そのなかに、米そのものの値段は含まれていません。

つまり、魚の場合は、獲《と》ったのは確かに漁師ですが、神様が育ててくださった魚そのものはただで当たり前、米の場合も、世話をしたのはお百姓さんですが、大陽や雨など親神様の恵みを受けて育った稲そのものは、ただで当たり前として計算されます。稲籾も、人の手で品種改良が行われたとしても、元をたどれば神様のご守護によるものです。今風に言えば、その開発費は計算に入っていません。

これと同じように、私たちは、この世に生きていることが当たり前と思って暮らしています。そのうえに何か恵まれることがあれば、ありがたいと喜び、なければ不足を言う、そんな生活をしています。実は、生きていることそのものが神様のご守護であると、なかなかそこまで思いが至りません。神様のご守護はいつも私たちのうえに降り注いでいるのに、いろいろな心の雲がそれを隠してしまうのです。

めへ〲のみのうちよりのかりものを
しらずにいてハなにもわからん　（三　137）

このおふでさきのお歌が心に響きます。

私たちがどんなことをしているときでも、体は休むことなく働き続けています。これが神様のご守護です。そのうえに、「どうぞ、悩みを解決してください」「何とぞ、もう少し楽をさせてください」「楽しい思いをさせてください」と願い、それが叶《かな》わなければ、神様のご守護はないと嘆く私たちです。

いま、ここに生きている不思議

私はこれまでに、神様に守られたと感じたことが何度かありました。一つは、私が大学生のころのことです。現在、所属教会の会長を務める兄が、のちに夫婦となる義姉と奈良で見合いをしました。その帰り道、台風のため鉄道が止まってしまい、父と兄が三宮《さんのみや》駅で立ち往生していると、家に電話がかかってきました。そのとき、留守番をしていた家族のなかで、男は私だけだったと思います。私は少し気負った感じになり、早く二人を迎えに行ってやらないと、と思ったのでしょう。夜の雨のなか、山陽電鉄の路線を、離宮道《りきゅうみち》から須磨《すま》駅まで線路伝いに歩きました。暗闇と雨で足元がはっきり見えません。それでも歩き続けました。ふと気がつくと、千守《ちもり》町《ちょう》の辺りで線路が高架になっている所を歩いていました。ぱっと足元の砂利が暗闇の底に沈んだのです。とっさに枕木の端に足を掛けて、踏み外すことなく無事に通過することができました。いまでも、そのときの驚きを思い出します。なぜ、うまく踏み外さずに歩けたのか不思議です。そのときの私の実感では、よくたすかったなと本当に思いました。

このような体験は、誰にもあるのではないでしょうか。

私は、いま、ここに生きているのが不思議だと思うことがあります。

私は第二次世界大戦中の満州で生まれました。生まれてすぐに日本が戦争に負けて、零下二〇度にもなる中国東北部で一冬を過ごして日本に帰ってきました。生きて帰ってこられたのは、父のおかげでした。戦争中から敗戦直後のことですから、敵国になった中国で飢え死にしていてもおかしくありません。当然、栄養失調でした。帰ってきたのが一歳のときで、「座布団に寝かせると身体全体がすっぽり入ってしまうくらい小さかった」「三歳くらいまでは無事に育つか心配だった」と、古い信者さんからよく聞かされました。小学校でもずっとクラスで一番背が低く、体重も軽く、朝礼ではいつも一番前に立っていました。

それがいま、立派に高齢者の仲間入りを果たしています。平成三年に開業して以来、ほとんど病気で診療を休んだことはありません。慢性の病気は人並みにありますが、いたって元気です。まだまだ長生きできそうです。よくまあ、ここまで育ったな、というところです。これも、守られているおかげでしょう。

いま考えると、子供のころの私は体が弱く、いつも学校を休んでいました。とくに皮膚が化膿《かのう》しやすく、大きなおできができるのです。そうなると、学校を休んで手当てをしてもらいます。この繰り返しが多かったように思います。医者の立場から考えると、何度も何度もばい菌の感染を繰り返してきたので、抵抗力が人よりも強くなったのではないかと考えています。何がご守護になるか分かりません。

同時多発テロの混乱のなかで

二〇〇一年九月十一日、アメリカで同時多発テロ事件が起きました。

あの日、私はたまたま、妻と娘とともにワシントンからニューヨークへ列車で移動していました。ワシントンで用事を済ませて、十一日の朝早く、ワシントン中央駅からアムトラックの特急に乗って、コーヒーとパンの朝食を取りながら列車の旅を楽しんでいました。

フィラデルフィアを過ぎたころから、車掌が通路を行き来し始めました。何か大きな声で言っているようでしたが、よく分かりません。ニューヨークまであと三十分というところで、車掌が再びあわただしく声を張り上げながら通りました。またかと私が思っていると、英語の分かる娘が「おかしい。次の駅でみんな降りるようにと言っているようだ」と言うのです。ニューヨークもフィラデルフィアもシャットダウンしたということでしたが、何のことか見当もつきませんでした。

列車はすぐに郊外の駅で止まりました。聞いたこともない地名でしたが、とにかく降りなければなりません。海外旅行用の大きなトランクを引っ張って、家族三人で駅を出ました。

駅前にタクシーは見当たりませんでした。周囲のアメリカ人たちも、なんだか不安そうに携帯電話で連絡しています。三十分ほどしてタクシーが一台来ましたが、アメリカ人を乗せて走り去りました。

状況が分からないうえに、地名も方角も分かりません。時刻がまだ昼前だというのが、せめてもの救いでした。

周りのアメリカ人も自分のことで精いっぱいの様子で、とりつく島もありません。幸い、日本につながる携帯電話を持っていたので、息子に連絡しました。電話に出た息子に、ニューヨークの知り合いの住所を調べるよう頼みました。息子は「どうも、ニューヨークで事件が起きたらしい」と教えてくれました。

駅前には駐車場の施設以外、建物は何もありませんでした。そこにいても仕方ないので、近くのホテルを探すことにしました。

駅から道沿いに歩いていくと、先のほうにヒルトンホテルのビルが見えました。とにかく、そこまで行くことにして、およそ十五分、私たち三人はトランクを一つずつ引っ張って歩き、ホテルのロビーに着きました。宿泊できるかフロントで尋ねると、すでに三十人がキャンセル待ちをしている状況なのでだめだと断られました。いつもは親切であろうこのホテルの従業員も、いまは全く余裕がないという感じでした。

ロビーで寝ることも覚悟して、私たちはソファーの一角をトランクで囲んで座り込みました。幸い、誰も気にする人はいません。

その後、息子から電話があり、ニューヨークの知り合いの電話番号が分かりました。その知り合いとは、二十年前、私がイタリアで学会発表する際に英語を教えていただいた女性です。日本人と結婚してニューヨークに住んでいました。二十年前の知り合いを頼るとは、蜘蛛《くも》の糸に縋《すが》るようなものですが、外国から来た私たちは、何も分からない土地で、なんとか力になってほしいと願うばかりでした。

何度も電話をかけるうちに、携帯電話の電池が残り少なくなりました。電池が切れたら全くの情報閉鎖ですから、ホテルには申し訳なかったのですが、ソファーの横のコンセントに充電器のプラグを差して充電させてもらいました。

携帯電話はできるだけ使わないことにして、キャッシュカードを使って、公衆電話から何度も何度もかけました。ようやく連絡が取れて、「いま夫はいないが、連絡が取れたら携帯電話に連絡する」と言ってくれましたので、ひと安心しました。

二時間くらいしてご主人から電話があり、自分は忙しくて行けないが、職員を行かせるので待つようにと言われて、ホッとしました。

待っている間に、喫茶コーナーのテレビが、ニューヨークのビルの火災を何度も何度も映し出していました。しかし、もう一つ状況が分かりません。みんな心配そうに見ていました。

そのうち息子から電話があり、「ニューヨークとワシントンがやられた」と教えてくれました。どうやられたかは分からないのですが、とにかく大きな事故で、街に入ることができないということでした。

それから、やっと食事をする気になって、ロビーにある食堂へ行き、ランチを食べました。

後日、そのときワシントンに滞在していた当時の石原慎太郎《いしはらしんたろう》東京都知事が、「テロの起こった直後、アメリカは機能停止状態になった」と、テレビ番組のなかで言っていましたが、確かにアメリカが一時停止したような印象でした。金銭のやりとりができたのは幸いでした。もし、大地震や突然のミサイル攻撃などで広範囲に被害が出ていたら、お金も通用しなくなり、旅行者は全くなす術《すべ》がなかったと思います。

その後、迎えの車が到着して、私たちはニューヨークに向けて出発しました。ようやく午後五時ごろに、ニューヨークの隣のニュージャージーの町に着きました。途中、ニューヨークの方角から煙が高く上るのが見えました。運転してくれた韓国系アメリカ人から、事件の概要を聞かされて、私たちは驚愕《きょうがく》しました。

無事、ニューヨークに到着して、二十年ぶりにその女性と再会しました。この方は、夫婦とも熱心な天理教の布教師で、布教所を構えておられました。もし私が、彼女に英語を習っていなければ、ご夫婦がニューヨークにいなければ、そして天理教を信仰していなければ、私たちはどうしようもなかっただろうと思うのです。ご夫婦にはもちろんですが、神様に本当に感謝しました。

この日から四日間、なんとか日本に予定通り帰り着けるように、航空会社に毎日電話して交渉しました。一度は飛行機に乗れると連絡があり、ジョン・F・ケネディ国際空港までタクシーで出かけましたが、飛行機に爆弾が仕掛けられたというデマでフライトが取りやめになり、泣く泣く戻ったこともありました。

その間、天理教ニューヨークセンターへ連れていっていただき、所長さんにお会いしました。その日は正午から、アメリカ全土で事件の犠牲者に哀悼《あいとう》の意を捧《ささ》げる式典がありました。センターでも、時刻に合わせて十二下りを勤められ、私たちも一緒に勤めさせていただきました。

結局、私たちは、当初予定の一日遅れで日本に帰り着き、診療所の休診日を延長することなく診療を再開することができました。

人はこのような劇的な体験をしますと、神様のおかげを実感することができます。しかし、実は毎日が、こんな事件の重なりではないかと思うのです。人が生きるということは、ただ大難を小難に、小難を無難に導いていただいているだけで、いわば奇跡の連続なのだろうと思います。

たとえば、よく若い人が自転車で突っ走っていくのを見かけます。自動車の間をすり抜けて、交差点でもスピードを緩めずに走っています。本人は運転技術、あるいは自分の運動神経の良さに陶酔していると思いますが、実は、おかしな自転車が来ないかと、交差点で用心深く立ち止まる人や、向こうから自転車が近づいてくるのを早めに察知して道を少しあけている人など、周囲が嫌々ながらも協力しているからうまくいっているに過ぎないのです。それを知らないのは当人だけです。

赤ちゃんが畳の上を這《は》い始めたら、周りに危険な物を置かないように気をつける。台所まで出てこないように柵《さく》を取りつける。ちょっとでも転びそうになれば、手を差し伸べる。そのおかげで、赤ちゃんは安心して座り、立ち、歩き始めるのです。私たちの親、月日親神様は、私たちにこのような親心をいつもかけておられるのではないかと思うのです。

どのよふなものも一れつハかこなり
月日の心しんばいをみよ
（六 119）

Ⅳ

ようぼく医、信仰の元一日

信仰で包み込む医療めざして——ようぼく医師としての歩み

子供のころ、須磨にあった移転前の教会は、神殿が西向きに建てられていて、お社《やしろ》はおぢばに正対するように据えられていました。このため、朝夕のおつとめでは座りづとめの後、半回転して東に向かっておぢばを遥拝《ようはい》するのが習わしでした。それが普通のことだと、ずっと思っていました。

会長の父は、朝夕のおつとめのことなどで、堅苦しい躾《しつけ》を私にしたことはありませんでした。「しこむ」という言葉が好きではなかったようです。小学校に上がったころに『稿本天理教教祖伝』が刊行されたと記憶していますが、夕づとめの後で拝読するとき、小さい私にも皆の前で読ませてくれました。

朝づとめに起きろとも言われませんでした。ただ、早く起きておつとめをすると、周りの大人が褒《ほ》めてくれるので、良いことをしたと納得したのです。

私が小学生のころは教祖七十年祭前後で、子供会活動が盛んでした。本部から指導員が来られたこともありました。住み込みの若い青年さんや女子青年さんが大勢いましたので、神殿で寸劇などもやり、近所の子供たちも幻灯《げんとう》の上映を見に、たくさん集まってきました。

二十数畳の神殿で、近所の友達とレスリングの真似事《まねごと》をやったり、兄の柔道の稽古《けいこ》台になったりしました。楽しい遊び場でした。台風の去った日には、雨戸をそのままにして、真っ暗な神殿で戦争ごっこをやりました。

そのうち、親友と一緒に子供団参に出かけるようになりました。団参の日には、神戸からバスを数台連ねて大和《やまと》川沿いを走り、車内ではアカペラの歌謡ショーが続きました。天理に入ると、父がマイクでよろづよ八首を歌い始め、皆で唱和して、おぢば到着となります。おぢば滞在中、土持ちひのきしんを皆で張りきってやった情景が思い出されます。

小学生だった私は、毎月のように学校を休みました。どういうわけか、たいてい月次祭の前で、風邪を引いたり、足から膿《うみ》が出たりして、数日間寝込むことが多かったのです。そのたびに、両親がおさづけを取り次いでくれて、いろいろと神様の前でさんげをしていたようです。私の病が、両親の信仰の励みになったのだと思います。

とにかく何かあれば、おさづけを取り次いでくれました。あるとき、おさづけを受ける前に、正月からそのまま残していたお年玉を神様にお供えするように言われて、私は半分に値下げをしてほしいと言ったそうです。はっきりとは覚えていませんが、いまの自分を考えると有り得る話だなあと頷《うなず》けます。布教生活のまっただ中で、両親や教会の人たちと楽しく過ごした日々を思い出します。

おさづけによって育てていただいた私に、父は医者になれと言いました。高校二年生のころでした。教内では「〽さあさあ来た来た旬が来た」（教祖八十年祭の歌）と、教祖八十年祭を迎える気運が高まっていました。そのなかで、戦前からあったよろづ相談所病院を新しく大きくして、東洋一の病院を造り、本部が医師や看護師を養成するという計画が発表されたのです。

大学の医学部に無事入学できたので、私も応募しました。おぢばにあった病院建設事務所のようなところで、父と一緒に初代院長の山本俊平《やまもととしひら》先生に面会し、管外扶育生となりました。医学生一号でした。

大学が始まると、毎月、事務所の二階で扶育生の会合があり、村上英雄《むらかみひでお》先生の司会で、俊平先生やいろいろな方々のお話を聞かせていただきました。この会は「若木会」と言い、扶育生は毎月奨学金を頂きに、おぢばへ帰るのです。夜遅くなるので、一晩詰所に泊まるのですが、あまり気が進まず、駅の辺りをウロウロして、電話ボックスで寒さをしのいで夜明けを待ったこともありました。翌日は必ず、ひのきしんをします。病院の清掃やガーゼたたみなど、将来の職場の一端に、じかに触れることができました。

この月例会がなければ、毎月おぢばに帰ることはなかったでしょう。さらに、大学一年の早々から、学生生徒修養会が始まりました。扶育生は必ず参加するようにと指示があり、三年間、夏の二週間おぢば生活を体験しました。第一回の講師陣は、いまでは考えられないような素晴らしい先生方で、私の信仰に極めて大きな影響を残していただいたと思っています。

しかし、大学生活そのものは、あまり楽しいものではありませんでした。

朝早く起きて、電車で神戸から大阪へ向かいます。初めのころはまだ丸坊主で、詰め襟《えり》の学生服を着て、真面目《まじめ》に通いました。たまの日曜日には、教会の前で風呂の薪《たきぎ》を作るため、古屋を壊した木材を相手に過ごすことがありました。その前を、海のほうには須磨海岸へ、山のほうには離宮公園へと、散策するアベックが幾組も通り過ぎていきました。ちょっと寂しくなりました。青春の心には暗い学生生活だったと思います。

医学部では二年ごとに大きな進級試験があり、二カ月くらい試験が続きます。この試験勉強が嫌で、とうとう六年生のときに卒業試験を拒否して、大学の事務係に留年を申請しました。これを聞いた父は驚いていました。当時、若木会の責任を負っておられた世話部長の橋本兼正《はしもとかねまさ》先生から、懇切丁寧な手紙を頂きました。私自身は一年留年して、来年は留学するきっかけを得ようと勝手に考え、勉強は熱心にいろいろとやっていました。また、同級生と全く離れて、何のつながりもない「憩《いこい》の家」病院へ勤めるのが、嫌だったのかもしれません。

結局、ひと月くらいのちに親友が説得に来てくれて、なんとか留年を思い留《とど》まり、無事に卒業できました。

卒業するとすぐに、開院五年目の天理よろづ相談所病院「憩の家」に就職しました。「憩の家」は、診療部門の「身上部《みじょう》」、社会復帰などを支援する「世話部」、それに信仰の導きをする「事情部」の三部鼎立《ていりつ》による理想の病院を目指して設立されました。

当時、医師研修制度はまだ確立されておらず、三カ月ごとに各専門内科を回り、最後に麻酔科で救急処置などの技術を身につけるという大まかなカリキュラムでした。最初は、臨床病理部で検査の実際を見て回りました。当時部長だった高橋浩《たかはしひろし》先生は、ある小児の腎臓病の検尿結果で「血尿が出ているはずなのに陰性になるのはどうしてか調べよ」とテーマを与えてくださいました。研修そっちのけで調べて回り、患者が服用するビタミンCが原因だと突きとめました。ほかの内科でも、自分の興味のあることを勉強して過ごしました。

数年後に始まり、現在に続く「憩の家」レジデント制度は、極めて整った厳しい教育カリキュラムで構成されています。これは、三代院長・柏原貞夫《かしはらさだお》先生が、留学された米国の制度をもとに構想され、元副院長・今中孝信《いまなかたかのぶ》先生が全国で第一級のものに仕上げてくださいました。そのおかげで、非常に優秀な人材が院内外に輩出され、今日の「憩の家」の医療レベルを高度に維持しています。

しかし、私の研修時代の制度は未整備で、どの科も「自分で勉強をしろ」という姿勢でした。それがかえって楽しく、研修期間はあっという間に過ぎました。麻酔科がカリキュラムの最後でしたが、これを飛ばして、当時、楠川禮造《くすかわれいぞう》先生が部長をされていた循環器内科に入れていただき、めでたく正規の職員となりました。

教会本部から扶育を頂いた若木会の出身者は、自動的にその同窓会である「八十《やそ》年会《とせかい》」の会員となります。会の名は、「憩の家」が発足した教祖八十年祭の年を記念して名づけられました。私が就職したころには活動が活発で、夏には親睦のハイキング、数カ月かに一回は神殿掃除ひのきしんなどを行っていました。

その後、年一回の総会が開催されるようになりました。二十周年の際には、最年長の天野博之《あまのひろゆき》先生が中心になって会誌『やそとせ』が創刊されました。以後、毎年発刊され、いまでは貴重な記録となっています。手元に一号から二十二号までの合本がありますが、これを見ると、懐かしい人たちの活躍の足跡をたどることができます。

この会には、医師をはじめ、薬剤師、看護師、検査技師、放射線技師、臨床心理士、ソーシャルワーカーなど、さまざまな職種の人たちが集まりました。会員のほとんどは、「憩の家」の将来の姿を夢見て、情熱に燃えてやって来た人々です。振り返ると、その成果は豊富な人材に現れています。

これまでに、村田芳子《むらたよしこ》さんと遊田伊玖子《あそだいくこ》さんという二人の看護部長が生まれました。看護師長として頑張った方も大勢おられます。山本育由《やまもといくよし》さん、中塚英太郎《なかつかえいたろう》さんは薬剤部長となり、山中亨《やまなかとおる》さんは検査技師長、佐藤紘市《さとうこういち》さんは放射線技師長として活躍されました。ソーシャルワーカーの渡辺彰《わたなべあきら》さんは世話部課長を務められ、その後、福祉施設で頑張っています。いずれも、「憩の家」の土台を支えて活躍された皆さん方です。現院長の山中忠太郎《やまなかちゅうたろう》先生も同じ仲間です。

さらに、二代院長・山本利雄《やまもととしお》先生が創立された海外医療科に魅惑された仲間がいました。当時政情の定まらぬ、コンゴやラオスに渡りました。のちに同科を継承された天野博之先生や、戦火をくぐって行かれた蔵田駿一郎《くらたしゅんいちろう》先生、元放射線科部長の左野明《さのあきら》先生がおられます。


平成十年には、八十年会が中心となって、「道の医療者の会」が発足しました。その趣旨は、お道の信仰を持つ医療従事者が集い、医療を巡るさまざまな課題を信仰に基づいて語り合おうとするものです。

「憩の家」麻酔科部長の西和田誠《にしわだまこと》先生を芯として、八十年会員の種田和清《おいだかずきよ》、小橋陽《こばしよう》一郎《いちろう》、中村義徳《なかむらよしのり》、林道治《はやしみちはる》、岡部憲二郎《おかべけんじろう》、松尾収二《まつおしゅうじ》、西村理《にしむらさとる》などの各科部長や、瀬《せ》川義朗《がわよしあき》、西村春光《にしむらはるみつ》、中西八須子《なかにしやすこ》、中尾玉恵《なかおたまえ》、前川芳明《まえかわよしあき》、駒木拓行《こまきひろゆき》など各氏の協力で、看護師同窓会、臨床検査技師会、放射線技師会をはじめ、道のヘルパーの会などの賛同のもと発足しました。

十月二十五日、四代真柱様継承奉告祭が執り行われたその日の午後、第一回シンポジウムと設立総会が行われました。テーマは「信仰と医療――教祖の心に医療の原点を求めて」。先端医療委員会（西和田誠会長、高橋泰生《たかはしやすお》・小児科副部長）、終末期医療委員会（高橋清一《たかはしきよかず》・在宅世話どりセンター長、平葉子《たいらようこ》・36病棟看護師長）による委員会報告に続いて、臓器移植、緩和医療の話題が臨床現場から発表され、この後、特別講演が行われました。

以後、「信仰と医療の探求」をテーマに活動が行われました。当時、脳死を人の死として認めるか否かが緊急の課題となっていて、熱心に議論を戦わせました。結論は明確にはなりませんでしたが、脳死判定を「憩の家」で行うことになりました。これを機に、多くの方々の尽力によって、天理教の信仰と医学の融合を目指して努力が続けられました。

平成十一年、第二回シンポジウム「再び問う　脳死は人の死か」では、「憩の家」関係者以外から、井筒正孝《いづつまさたか》・天理教黒石《くろいし》分教会長、栗栖茂《くりすしげる》・兵庫県立淡路病院外科部長、永関慶重《ながせきよししげ》・沼田《ぬまた》脳神経外科循環器科病院院長が参加し、それぞれの立場から発言しました。

シンポジウムでは、平成十六年までに、以下の特別講演が行われました。第一回「共生の医療」（山本利雄・「憩の家」元院長）、第三回「二十一世紀に期待されるお道の布教」（大久保昭教《おおくぼあきのり》・天理大学元学長）、第四回「尊厳ある死から『出直し』へ」（井上昭夫《いのうえあきお》・天理大学おやさと研究所所長）、第五回「あなたの『思い』が遺伝子の働きを変える」（村上和雄・筑波大学名誉教授）、第六回「白川分院療養型病床での一年の経験」（橋本修治《はしもとしゅうじ》・白川分院院長）、「対人援助としての『おたすけ』とは」（金子昭《かねこあきら》・天理大学おやさと研究所助教授）。「道の医療者の会」は、大勢の医療者の関心と支援を頂きましたが、残念ながら現在は休眠状態になっています。なお、この会の発足に際し「道のヘルパーの会」が天理高校の八杉大輔《やすぎだいすけ》先生らの努力で結成され、現在も活動中です。

私にとって「信仰と医療」は、最も関心を引くテーマです。両者は決して相反するものではありません。しかし、医学的に治療の決断をしようとするとき、信仰上の病気観が決断を鈍らせることもあります。また、医療の非力を信仰の力で乗り越えることも間違いなくあります。

このような信仰上の疑問を話し合うために、三十年ほど前から、事情部と八十年会の間で、年一回の話し合いが始まりました。いろいろな実例を挙げて、お互いの理解を深める努力が続けられています。

これとは別に、私は院内のお道の先生たちに声をかけ、深谷忠政先生（本部員・やまとよふき分教会初代会長）を講師に、一年ほど勉強会を毎月開催したことがありました。教材は「おさしづ」でした。お道の医療者が集まって、先生のお話を聴き、質問して信仰を深めました。先生は毎回、その都度選ばれた刻限のおさしづを、事情部で経験された患者さんの話などを交えながら解説してくださいました。勉強会のある夜には、ご自分でバイクを運転してこられ、熱心にお話ししてくださいました。これが正式な会として定着していたら素晴らしかっただろうと、私はいまも思っています。

「憩の家」職員の私たちが、信仰を求めて周囲の人を感化し、共に成人しようと心逸《はや》ることは、一方で、病苦に悩んでいる一般の患者さんの大きなプレッシャーとなり、つらい思いをさせることにもなりかねません。そこには、こまやかな配慮がぜひ必要です。また、病院で働く人たちに、信仰の有無による余計な緊張を生むこともあると考えねばなりません。

公共性の高い病院を、特定の宗教の色に染めることはできません。働く者の心の内に信仰の灯《ひ》をともしながら医療的おたすけに従事する、というのが理想的だと思います。「信仰と医療の融合」ではなく、「信仰で医療を包む」優しい全人的医療を実現することが大切だ、などと考えています。

時は移り、中途半端な信仰を持つ医師となった私は、開業医としての日常のなかで、相変わらずもがいています。神戸にある所属教会の客間に「求道即伝道」という池田大教会八代会長・宮田爽美《みやたさわみ》先生の書が掛けられています。いつも、これが気になって仕方ありません。

初代である祖父、二代である父の信仰歴を振り返り、一緒に生きてきて、神様のおかげと思えることはたくさんありました。おかげで、実感としてお道の信仰を素直に受け入れることができました。医師になってからも「病の元は心から」という教理に、いまさらながらなるほどと納得しています。「元の理」の教理には、現代科学の成果から考えて、その先進的な預言めいた教えに大きな魅力を感じています。

頭のなかでは納得し、さらに深く求めたいと思っても、この教えを広く世の中に伝えようという気概も行動も、私には伴っていません。申し訳ないことです。

年を経るにしたがって、

しんぢつに人をたすける心なら
神のくときハなにもないぞや
（三　32）

というおふでさきのお歌が心から離れません。この「真実のたすけ心」こそ、信仰と医療の融合した理想の形だろうと思っています。私のような立場の者でも、もし真実のたすけ心をもって医療を続けるならば、必ず伝道につながるはずだと信じて、開業医の務めを果たしていきたいと願っています。

西行のほほえみ——父母の歩み

松風村雨堂《まつかぜむらさめどう》という優雅な名の古い社《やしろ》の前で、私たちは夕暮れまで遊んで薄暗い空の下を家に帰りました。ヨシ坊、カズちゃん、ヒロッちゃん……幼友達と、いつも一緒に遊び回っていました。家に帰ると、座敷に丸いちゃぶ台が据えられて、祖父母と母と兄と一緒にご飯を食べました。たくあんや菜っ葉の漬物がありました。私たちの教会は常時二十人近くの大所帯で、大きな釜《かま》でご飯を炊いていました。そのころは麦飯でしたが、空腹でおいしく頂きました。布教師であった父も、たまに夕飯を共にしました。みな正座をして、行儀よくしていました。

母ミツコが作る朝鮮味噌《みそ》は、とても辛くてご飯が進みます。祖母ヤスが煮た山椒《さんしょう》の佃煮《つくだに》も、ピリピリして大人はみな喜びました。キヌエおばさんが作るのはジャコの佃煮。だしを取った後のジャコを甘辛く煮付けるのです。これも、ご飯によく合いました。年に一度、すき焼きが食べられるかどうかの暮らしです。それよりも、ジャコの佃煮の味が忘れられません。貧しくても幸せでした。親子がそろって安心して食事ができることに、母は身に染みて幸せを感じていただろうと思います。

戦争中、父は落ち着きませんでした。母と結婚したのが第二次世界大戦直前の昭和十五年で、友永家に養子に入りました。教会は見込み違いの内情で、不満もあり、なんとか家計を支えねばと大阪へ働きに出ました。結婚前には満州へ渡り、歯医者の手伝いや、帰国してからは記者の端くれをやったりしていました。出征もしました。とにかく落ち着かない青年時代を過ごしました。

結婚しても、やはり落ち着きません。満州で稼ぎ口を探して回り、大戦が始まって二度目の徴兵を受けましたが、結核を発病して除隊となっています。当然、養子に入った家の家業である教会を継がなければなりません。祖父は失明同然でしたので、祭事は父が中心になってやることが多かったようです。

しかし、そのまま後継者として畏《かしこ》まっているのも気に染まなかったのでしょう。家族が生きていくお金も必要です。昭和十六年、長男の誕生後、再び外地へ出かけていきました。


結局は、養子の立場がつらかったらしいのです。夫婦げんかをしても、妻に出ていけとは言えません。出ていくなら自身だと、思い知らされます。とうとう朝鮮に飛び出したそのときに、母に「来るなら後から勝手に来い」と言い置いたようです。残された母は、目の不自由な老父を支え、極貧のなかを育ててくれた老母を頼りに、戦争のなかで暮らしていました。

父は結婚してすぐに母が養女であることを知り、そのことを母に告げていました。母はそれまで、つらいことがあると、自分が実の子ではないかもしれぬと空想することがありました。しかし、それでも実の両親と信じて成人してきたのです。貧しくとも、お嬢さんのような気楽な空想の多い女性でした。そこへ結婚早々に自分が養女であると聞かされて、ひどく悩んだに違いありません。

何かあれば自分が頼れるのは夫しかない、という追い詰められた心理になったのでしょう。ついに、戦時中に二歳の長男を連れて、夫のいる朝鮮半島へ渡ってしまいました。老父母を置いていく申し訳なさに、さいなまれたことでしょう。それでも、父のもとへ、はるばる海を渡っていきました。

父は婿入りしてから、祖父と三度衝突をしたと聞きます。そのたびにトランクを提《さ》げて飛び出しても、迎えもなく電話もありません。養子の情けなさと母をなじってみたら、こんな言葉が返ってきたといいます。

「私は二つの年から、いまの両親に育ててもらいました。養女であったことも、結婚してから知りました。父母には大恩があります。どんな事情にせよ、家を出ることはできません。こうした複雑な家に来られた、あなたのいんねんが深いのです」

この母が、どうして父のもとへ戦時中に幼い兄を連れて出かけていったのか。母は、祖母が亡くなった通夜の日に、霊前に頭を下げてしきりに詫《わ》びていました。その姿は、いまでも私の目に焼きついています。けれども、その理由はついに聞かされませんでした。夫をそれだけ愛していたのか。養女という立場が居心地を悪くする事情でもあったのでしょうか。


渡った京城《けいじょう》（現ソウル）には、布教管理所に勤めていた父の兄がいました。そのつてで現地の教会に寄寓《きぐう》させてもらい、夫婦と長男の新しい家庭が始まりました。そのうち、父の仕事が満州で見つかったので転出しました。

終戦の直前、昭和二十年六月には、次男の私が生まれました。しかし戦況はどんどん悪化し、七月、三度目の召集があり、父は竹製の鞘《さや》に錆刀《さびがたな》一本を支給されて入隊しました。妻と四歳の長男と生まれたばかりの次男を置いて、出征したのです。

父たちの部隊は、奉天《ほうてん》郊外でソ連兵の攻撃に備えて、ほとんど穴掘りをして日々を過ごすうちに、八月十五日を迎えました。日本の敗戦が宣言されました。朝鮮の若者たちは早々に姿を消し、満鉄関係者もあいさつなしに消えていきました。そのとき、父は「人生ここに終わったと実感し、命あらば布教生活に帰るべしと決意した」と書き残しています。一方で、残してきた家族への大きな不安感で、胸はいっぱいになっていました。

母と私たち兄弟は、このとき満州本渓湖《ほんけいこ》市から鉄道で三時間ほど山へ入った小市《しょうし》村《むら》にいました。不思議なことに、終戦を知ってすぐに、母は子供たちを連れて、この鉱山街から満鉄支社のある本渓湖市へ出てきました。父も奉天から決死の逃避行を続けて、なんとか同じ町にたどり着きました。私たち親子は奇跡的に再会できたのです。

父の才覚と決断力が最大限に発揮され、神様に守られて、親子が生きていく道を得ることができました。終戦の冬、零下二〇度という満州の地で、敗残の日本人親子が生きていく可能性は絶無に近いことです。そのなかで、父はいろいろと試みた末に、中共軍の炊事夫となり、妻子の命をつなぎました。そして、ついに翌年の夏、引き揚げ船で祖国へ戻り、父の実家に帰ることができたのです。

父は実父に付き添われ、家族とともに早速、神戸の教会へ行きました。このとき、布教師として一生を生きていく覚悟を定めたそうです。祖父母も喜びました。母も、どんなにかうれしかったことでしょう。

幸い、教会の建物は空襲で焼けずに済み、周りの人々も昔通りで、家の周りの様子も変わっていませんでした。懐かしい音と匂《にお》いと光を、いっぱいに感じたことでしょう。

父があのまま一人で満州にいたら、生死も分からず、悲しみのどん底に落ちていたに違いありません。母が祖父母を残してでも朝鮮へ渡ったのは正しい判断だったと、満州で生まれた私は深く感謝しています。母が父のもとに行かなければ、私はこの世にいませんでした。

戦後の父は、結婚当時とは違っていました。ひと言で言えば、ひと皮もふた皮もむけていました。布教師として生きようと決心し、戦後の復興に邁進《まいしん》するようになりました。人々の救済に自分のできることを精いっぱいやり、失明している祖父の手足となって力を尽くしました。そうしていると、不思議にたすかってくださる人が出てきます。

ある妊婦の難産の際には、水ごりをして神様に祈りました。数日を祈りに尽くしきったとき、見事に立派な赤ちゃんを授かった喜びを、父は日記に書いています。父の信仰は、祖父の信念に支えられて育てられました。母は父に言われるまま、素直について通りました。貧乏のつらさには慣れていました。戦争中の命をかけた父の働きを目の当たりにして、深い感謝の念を持ったことだろうと思います。そのことを、息子たちにもよく言い聞かせていました。

初代会長であった祖父は、昭和二十八年四月十二日に出直しました。そのころは、父が二代会長となっていました。父にとって、養父は布教師として尊敬できる人でした。魅力を感じていたのです。親子になって衝突ばかりの日々でしたが、いざ信仰の悩みに突き当たると、養父を心に思い浮かべたといいます。

父の時代になっても、教会の暮らし向きはいつも切迫していました。父は、何もかも失って命からがら帰国した、引き揚げの風景を思い出して耐えました。時には母とも口論しました。どうしようもないことでした。私は川の字の真ん中にいつも寝ていたので、母が父にしかられて神前へ行って祈っていたのも知っています。

こんな時代が、松風村雨堂の楽しい缶けりの風景とダブって思い出されます。それでも私は幸せでした。口論をしていた両親も、実は幸せだったのでしょう。命からがら日本に帰り着いた日のことを思えば。

父は実によく働きました。新しいアイデアを出して教会の人々を元気づけ、大勢の人々に慕われました。私が中学生のころには、母も布教の手伝いをするようになりました。夫婦で出かけることも多くなりました。そのころ私は、母と祭典の用意のために、二駅向こうの町へ買い物に出かけたことがあります。たくさんの買い物袋を提げての電車での帰りに、たばこの火が当たったのでしょう、帰ってから、母がグレーの長いオーバーコートを脱ぐと、丸い穴が一カ所開いていました。このコートは父が戦後に買ってくれたもので、母は大変気に入って大事にしていました。母の悔しがる姿を見て、子供心につらかったのを思い出します。

結局、父は母に惚《ほ》れていたのです。母も憎からず思っていたのでしょう。

この仲を取り持ったのは、祖父でした。昭和十四年、神戸はひどい洪水に見舞われました。道友社の記者として被害状況を取材に来た父が、教会に泊まりました。風呂でその背中を、目の不自由な祖父が流してやり、しっかりした体格だと気に入ったらしいのです。早速、養子縁組を申し込んで話をまとめました。キューピッドの祖父に反抗して飛び出した婿さんは、思えば、わがまま兄ちゃんでした。それを、八十二歳の年まで連れ添った母も偉かったなあと私は思います。

父は、西行《さいぎょう》の「願はくは花の下にて春死なん　そのきさらぎの望月《もちづき》のころ」という歌を日記に書いて、自分も春に死にたいと言っていました。四カ月ばかり寝込んだ後、自宅で母と兄夫婦に看取《みと》られて、安らかに永眠しました。この日は祖父の祥月命日《しょうつきめいにち》、四月十二日でした。

父が思いを果たして、祖父と同じ命日に仲良く永眠できたのは、母が生涯かけてつないだ絆《きずな》のおかげだと思います。さぞかし、父は母に心から感謝していることでしょう。

父は長らく教誨師《きょうかいし》をしておりました。その業績が認められ、藍綬褒章《らんじゅほうしょう》を頂きました。記念の写真に、父の誇らしい顔と、一緒になって良かったと喜んでいる母の顔が写っております。母も東日本大震災の年に出直しました。信仰に生きた夫婦の幸せに、心から感謝しています。

生きながらにして生まれ変わる——祖父の信仰

気持ちが沈みがちなときなど、誰でも気分転換をすることがあると思います。私は、軽音楽を聴くことで解消を図っています。ジャズやシャンソンから演歌まで、何でもいいのですが、女性歌手では中島みゆきさんの歌が好きです。

彼女の歌に「ホームにて」という曲があります。

ふるさとへ　向かう最終に　乗れる人は　急ぎなさいと
やさしい　やさしい声の　駅長が　街なかに　叫ぶ
振り向けば　空色の汽車は　いま　ドアが閉まりかけて
灯《あか》りともる　窓の中では　帰りびとが笑う

走りだせば　間に合うだろう　かざり荷物を　ふり捨てて
街に　街に挨拶《あいさつ》を　振り向けば　ドアは閉まる

振り向けば　空色の汽車は　いま　ドアが閉まりかけて
灯りともる　窓の中では　帰りびとが笑う
ふるさとは　走り続けた　ホームの果て　叩《たた》き続けた　窓ガラスの果て
そして　手のひらに残るのは　白い煙と乗車券
涙の数　ため息の数　溜《たま》ってゆく空色のキップ
ネオンライトでは　燃やせない　ふるさと行きの乗車券

たそがれには　彷徨《さまよ》う街に　心は　今夜も　ホームに　たたずんでいる
ネオンライトでは　燃やせない　ふるさと行きの乗車券
ネオンライトでは　燃やせない　ふるさと行きの乗車券

何年か前の春先、四国に用事があり、瀬戸大橋を渡って高速道路を走りながら、この歌をあらためて聴きました。歌詞をしみじみ味わっているうちに、涙がひとりでにこぼれてきました。隣に乗っていた妻が、不思議そうにこちらを見ました。

中島みゆきさんの意図が本当はどこにあるのかは別にして、私は自分なりに、このように解釈しました。

「ひとたび故郷を捨てて、温かい家庭を捨てて、自分が選んだ憧《あこが》れの都会に出てきた人は、その都会の生活から飛び出して、再び故郷には帰れない」

憧れの都会とは、私たちそれぞれの心にある、自分に正直な欲望の世界です。それまでの平々凡々とした生活から離れて向かった、新しい夢のある憧れの世界が、ネオンの輝く都会です。

しかし、その都会の現実を知って、ああ帰りたい、あの平凡だけれど優しい、ちょうど夜汽車の明かりがともる車内のような、温かい家庭の生活に戻りたい。そう思って、乗車券を握りしめて帰りの汽車に飛び乗ろうとホームに立っても、自分が選んでいま、のたうって生きている、この都会が自分を離さない——というような心の動きを私は感じるのです。

言い換えるなら、人生は一度きりで、同じ年月に違った人生を生きることはできない。選んだか選ばされたかはともかく、人は一つの生き方しかできないということです。一度そのシーンを生きてしまうと、戻ろう、やり直そうと思っても、別のシーンに生きることはできない。それが私たちの人生なのです。

満足した、全く悔いのない人生などというものは、本当はないと私は思います。程度の差こそあれ、誰もが悔いを残す。深い後悔を残して生きている人たちも、きっと少なくありません。しかし、やり直したいと思っても、それを許さないのが人生です。

特別、悪いことをしたわけでもない。ちょっと若いときに我慢できず、弱い自分に負けて流されて生きた。その数年間のために、十年も、二十年も、あるいは一生苦しまねばならない。

世の中の仕組みがおかしいのでは？　と思っても、身から出た錆《さび》です。どうしようもない無力感と悲しみが残る。そんな思いを、この歌から感じて、ひとりでに涙が流れます。

妻に訳を話して繰り返し一緒に聴いているうちに、彼女も私の気持ちを分かってくれたようでした。

さて、人生は本当にやり直しがきかないのでしょうか。私たちの信仰する天理教の教えでは、「人は生きながらにして生まれ変わる」ことができると説かれています。生きながらにして生まれ変わる。この言葉は、「諭達第一号」のなかで述べられています。

> よふぼくお互いは、その使命を自覚し、勇気を奮って人々の心の扉をたたき、心の闇を開くべく努力を傾けよう。をやの声を聞き、天理に目覚めて心を入れ替える時、人は生きながらにして生まれ変わる。さらに進んでは、共々に人だすけに努め、互いに手を携えて世界のふしんに勤《いそ》しむまでに導く。これぞ教祖の道具衆としての至上の任務《つとめ》であり、無上の喜びである。

生きながらにして生まれ変わることができる。消そうと思っても消すことのできない、取り返そうと思っても取り返すことのできない、やり直しのきかない人生を、信仰によってやり直し、幸せな人生に変えることができると教えてくださっているのです。

正直に言いまして、私は生きながらにして生まれ変わる体験をしておりません。そこで、私どもの教会の初代会長である祖父の話をさせていただきます。祖父は、私が尊敬し、自分の信仰の原点であると考えているからです。

いまから百三十年前の明治十八年、祖父は二人の兄を持つ末っ子として、九州の若松《わかまつ》（現・北九州市）に生まれました。やがて、一番上の兄が家を出た後を追って、十六歳で東京へ出ました。いろいろと苦労した揚げ句、最後は肉屋さんの小僧奉公をしていたそうです。それが神田明神《かんだみょうじん》の祭礼の日に、男気を出して、店に来た職人と刃傷沙汰《にんじょうざた》になってしまいました。そこで、大阪の叔父を頼って都落ちをする始末となりました。

大阪の夏祭りでのこと、祖父は素人芝居が開かれていたところへ誘われて、そこで代役を頼まれました。祖父は細面《ほそおもて》でなかなかの男前でした。生まれつき器用でもあったのでしょう。祖父の代役は、本物以上のうまさで大喝采を浴びたそうです。それなら、いっそのこと役者で身を立ててはと、周囲の人々に勧められて、その気になって役者の道へ進みました。

当時、日露戦争の前後は、新派の芝居が大流行《はや》りで、隅田川《すみだがわ》沿いにある浜町《はまちょう》の隣に、芝居小屋が集まった場所がありました。ここに真砂座《まさござ》という劇場があり、「金《こん》色夜叉《じきやしゃ》」や「婦系図《おんなけいず》」などが演じられていました。祖父は、この劇場の座長・静間小次郎という方の弟子になり、「香月晃」という芸名で芝居の修行をしたのです。そして、とうとう三十歳のころに座長となって、芝居巡業する生活に入りました。

しかし残念ながら、第一次世界大戦が終わった後の不景気に見舞われて、一座はすぐに解散しました。祖父は、そのころ神戸に住んでいた長兄を頼って身を寄せました。長兄は、この地でお道の布教の最中でした。入信以来、十年を経て信仰に燃えていた兄は、毎日熱心に弟に教理を説き、弟が積んできたいんねんの怖さを諭して信仰を勧めました。

兄から聞かされる初めての話に、しみじみいんねんの恐ろしさを悟って、その切り替えを願った祖父は、素直に道一条を志して、おぢばへ帰り、海外布教の名目のもとに、当時としては異例の二週間程度の滞在でおさづけの理を拝戴《はいたい》したのです。

信仰の導きの親である兄は、「俺の言うことを聞いておくほうが間違いないぞ。

ここで青年づとめをして布教に出たほうがいい。さもなくば、おまえのいんねんから、必ず先では目が見えんようになる」と言いました。祖父は、これを振りきって若松の実母のもとへ帰り、にをいがけを始めました。しかし、おたすけはさっぱり上がりませんでした。「あんたは良い話をするけれど、若いころのあんたのしていたことはどうなんや」と最後に釘を刺されると、それ以上話が続かなくなるのです。

翌年、とうとう布教に行き詰まり、一座を組んで華々しく旗上げしようではないかとの昔の仲間の誘いに乗って、再び旅巡業に回るようになりました。九州一円はもとより、遠く朝鮮や満州にまで足を伸ばしました。

それから二年後、巡業の途中でのことです。祖父は、京城（現ソウル）で公演中に突然失明して倒れました。海外布教との名目でおさづけの理を戴《いただ》いた身でありながら、このようなことをしていては、海外の地で身上に倒れるのは当然のことだと深くさんげし、この京城の地で布教しようと心に定めました。

すると不思議にも光が差し、物の形や皆の顔がはっきりと見えるようになりました。祖父は皆を集めて訳を話し、一座を解散したいと申し出ました。しかし、座員は承知しません。やむなく決心を翻《ひるがえ》して、役者を続けました。

その後も京城、平壌、安東と興行を続け、満州の奉天《ほうてん》まで来た初日のこと、再度、同じ芝居の場面で倒れて失明しました。再び、奉天こそわが布教地と心を定めると、不思議にもご守護を頂き、視力が回復しました。それでもまた情にほだされ、大連への巡業を続けました。

大連での初日、また同じ場面で同じように倒れたのです。祖父は絶体絶命というぎりぎりまで追いつめられ、誰が何と言おうと大連を死に場所と定めて布教すると誓い、親神様に深々と頭を下げました。しかし、今度は光が見えてきません。どのようにさんげし、どう心定めをしても、闇の世界から抜け出すことはできませんでした。

とうとう一座は解散し、祖父は九州に帰り着きました。福岡の大学病院で診察を受けましたが、京城での診断と同じで、黒ソコヒという不治の眼病と宣告されました。いったん若松の実家へ帰りましたが、信仰の親である長兄が無性に恋しくなって、失明したままの独り旅で、神戸の兄のもとへ戻りました。

その日から、兄は弟を厳しく仕込みました。兄弟の縁も切り、教会の会長と住み込み青年の立場を堅く守って緩めませんでした。これは、その後も生涯厳しく守られて、ついに兄さんという言葉を一度も出すことなく、常に親として立てきったそうです。

こうして神戸に来て三日目には、少しは見えるようにご守護を頂きました。その後、若松から呼び寄せた妻に手を引いてもらって、目の不自由な体で布教を続けました。そしてとうとう、神戸の地で宣教所をお与えいただいたのです。

祖父は、若い自分の心のなかにあった、何かを成し遂げ身を立てたいという衝動を抑えることができなかったのでしょう。しかし、結局は失明というお手引きを頂き、まさに都会のホームからふるさとに帰ろうと振り向いても帰れない、絶体絶命の窮地に陥ったのです。

いのちというものはあって当然と、私たちは普段思っています。死ぬか生きるかという事態になって初めて、そのありがたさを知るのでしょう。祖父も世の中がひっくり返るような苦しみを経験し、苦しみ抜いた揚げ句に、信仰によって少しでも見えるご守護を体験して、いま生きているありがたさを知ったのだと思います。そして、それまでの自分の価値観を捨て、「かしもの・かりもの」の理を心に治めて、目に見えない信仰の徳によって生きていくという価値観に心の置きどころを変えました。これが、生きながらにして生まれ変わるということだと思うのです。

おふでさきのお歌に、次のようにあります。

月日にハどんなところにいるものも
心しだいにみなうけとるで
（十七 13）

いまゝでハとんな心でいたるとも
いちやのまにも心いれかゑ　（十七　14）
しんぢつに心すきやかいれかゑば
それも月日がすぐにうけとる　（十七　15）
月日にハせかいぢううハみなわが子
かハいいゝばいこれが一ちよ　（十七　16）

心の置きどころさえ変えることができれば、親心あふれる親神様の意思で、一夜の間《ま》にも生まれ替わることができるとおっしゃっているのです。

私は生まれてこのかた、いわゆる地獄を見ることなく、幸せな人生を生きてきました。そんな私が、とても祖父のような心の大転換をすることはできません。でも、私なりに、信仰は先手必勝だと思っています。本当の神様のみちおせ（道教え）、いけん（意見）を頂く前に、事の小さいうちに自分の身を早く反省して、治めるところは治めるのが良いのではないかと、勝手に思って今日までやってきました。「おかきさげ」に、「言わん言えんの理を聞き分けるなら、何かの理も鮮やかというう」とあります。神様から意見を頂く前に、さんげし、先手を打って実行に移すのが、神様の喜ばれることなのだと、自分の信仰生活を振り返って思うのです。

私は布教師ではありません。医者の仕事をライフワークにしています。開業して十年余りになりますが、私の診療所に来られた方は、現時点で一万八千人になります。その前から医者をしていますので、大勢の人々と接してきました。いろいろな方がおられました。いろいろな人生がありました。

そのなかで、心臓移植をされた方がいました。いまから十五年くらい前に、非常に重症の心不全で「憩の家」に入院されました。私は主治医ではありませんでしたが、同じ病棟におられて、回診などで見かけることがあり、またカルテなども目を通しておりました。心不全というのは、心臓が働かなくなって、生きるための酸素が身体に回らない状態です。

この女性がかかった「心筋症」は心臓の筋肉の病気で、心臓がほとんど動かなくなるのです。この病気の最後は、心臓移植しか治療の方法がありません。だめになった心臓を取り出し、元気な心臓に取り換えるしかないのです。

この心臓移植を、彼女はイギリスで受けました。「憩の家」に入院しているときにはベッドの横のトイレに立つにも呼吸困難となり、ついには横になっていても、ただ生きているだけで苦しい、モルヒネを打って苦痛を抑えないと耐えられない、そんなひどい状態でした。

大変な危険を覚悟して、イギリスへ旅立たれました。彼女のひと月前に同じようにイギリスへ向かった男性の患者さんは、機内で亡くなられたそうです。飛行機のなかでは、六つのシートを囲って、にわか集中治療室を作り、医者が付きっきりでサポートしました。

イギリスに到着後も、危篤《きとく》状態になりながら、移植の順番を待ちました。付き添っていたお姉さんから話を聞かせていただきましたが、奇跡奇跡の連続で、あと半日しかいのちがもたない、血圧が五〇を切るといった土壇場で、ドナーが見つかり、移植ができたとのことでした。とても言葉では言い尽くせない苦労、想像を超える辛苦であったと思います。

私が開業して間もないある日、診療を終えて、やれやれと、ほっとしているところへ、この方とお姉さんが訪ねてこられました。

「先生、ご心配をおかけしましたが、こんなに元気になりました」

そこに立っているのは、にこやかで、少しふっくらとした若々しい元気な女性でした。かつて死線をさまよっていた方とは、とても思えませんでした。そばには、子供さんが寄り添っていました。

あとで知ったことですが、この子供さんのために頑張って生きようと、心臓移植を決心されたとのことでした。

私は本当に驚きました。そうか、心臓移植というのは、こんなに良くなるものなのか。死の間際から生還して、これほど幸せになれるのかと、心から思いました。この方は、本当の意味で九死に一生を得たのでした。しかし、ここまで行き着くのに、どれだけ苦しいなかを通り、どれだけ多くの人たちのお世話になったかと考えますと、人のいのちというものは何物にも代えがたい、大切なものであると思うのです。

私たちはそのいのちを、ただいま結構に頂いております。

めへ〳〵のみのうちよりのかりものを
しらずにいてハなにもわからん（三 137）

まさに、その通りです。このご教理が本当に心に治まれば、私たちは一夜の間にも生きながらにして生まれ変わる道に、その幸せ行きの空色のキップを手に入れることができるのです。
しかし、列車に乗って出発し、本当に生きながらにして生まれ変われるのか。これは、その後の信仰の成果にかかっています。列車に乗れて、長らく握りしめた空色のキップを窓から投げて、さてどのように走っていくのか。おやさまは、次のように教えられています。

人を救《たす》ける心は真の誠一つの理で、救ける理が救かるという。（おかきさげ）

わかるよふむねのうちよりしやんせよ
人たすけたらわがみたすかる（三 47）

大切なことは、人のために祈る心になることなのです。

あとがき――ペンギン診療所誕生のいきさつ

私の妻は、神戸に住んでいたころから三十年余り、趣味で油絵を描いてきました。近所に有名な画家がおられて、教えを請うことができました。

昨年、これまでの絵を集めて、画集『桜物語』を作り、私が絵にちなんだ小文を書いて添えました。ほかに、かつて『天理時報』で連載されたエッセーなどを収載していたのを、道友社が目に留められて、あらためて新しい本を出版していただくことになりました。

思えば、私の一生は、天理よろづ相談所病院「憩《いこい》の家」との関わりのなかで過ぎていきました。若い研修時代、研究に燃えた壮年時代、地域医療に働かせていただいた熟年時代と、いずれも「憩の家」を中心に、信仰と医療の混在する環境で、悩みながらも楽しく生きてくることができました。父が「憩の家」の医者となるよう進路を決めてくれたおかげで、私の一生は、振り返って悔やむことのない、ありがたい人生であったと感謝しております。

妻と結婚してから、常に二人三脚で生きてきました。あまり大きな山坂はありませんでしたが、悩んだときには適切なアドバイスを妻はしてくれました。信仰面でも、お互いに支え合うことができました。そして、二人の子供を与えていただきました。長女が愛《あい》、弟が慶《けい》といいます。どちらも父が命名しました。

娘はこれを、英語で“love and joy”と訳してくれました。まさに、この英語の響きのなかで生きてこられた人生です。友人、患者さん、仲間の皆さまに厚くお礼を申し上げます。そして、この本の出版にご尽力くださった道友社の皆さまに感謝いたします。

ところで、「憩の家」に勤務していた時分のことです。私が少し顔を突き出して、忙《せわ》しげに手を振って歩く姿がペンギンに似ていると言った人がいました。

私自身は、このことを直接聞いたことはありませんが、家族も私が病院のなかをぺたぺたと上靴《うわぐつ》の音を響かせて歩いていることを知っており、その様子がペンギンの歩く姿に似ていたのではないかと言っております。確かに私の足音は大きくて、患者さんは、私が回診に来るのを足音で知っていたようでした。

医院開業のとき、ロゴマークを考えていて、「ペンギン診療所」にしようと思いつき、娘にイラストを描いてもらいました。ペンギンが聴診器をぶらさげている姿です。大変気に入って、道路に面した診療所の廊下の窓に、オリジナルのペンギン時計を掛けています。

ペンギンのように愛らしい医師でありたかった私ですが、年を取るごとに、その願いは遠のいており、恐縮しているところです。

医院のロゴマーク（右）と、ペンギン時計（左）

平成三十年九月

著者

◉初出

Ⅰ　診療の風景……『天理時報』（天理教道友社）連載「暮らしと健康」（平成15年）

Ⅱ　ドクターの本棚……『陽気』（養徳社）連載「医の目・鷹の目」（平成27年、28年）

友永　轟（ともなが・ごう）

昭和20年（1945年）生まれ。同39年、天理よろづ相談所「憩の家」管外扶育生として大阪大学医学部入学。同45年、卒業。同相談所病院健康管理室副部長、川崎医科大学助教授などを経て、平成3年（1991年）、友永循環器医院を開業。帝眞分教会教人。著書に『おやさまの手——医療ようぼくへの道を求めて』（道友社）がある。

Dr.ペンギン　祈りの診療所

立教181年（2018年）10月1日　初版第1刷発行

著者　友永　轟

発行所　天理教道友社
〒632-8686　奈良県天理市三島町1番地1
電話　0743（62）5388
振替　00900-7-10367

印刷所　株式会社天理時報社
〒632-0083　奈良県天理市稲葉町80

ISBN978-4-8073-0621-3
定価はカバーに表示